HISTORIAS DE ENCUENTROS CON BRUJAS

Terroríficos Relatos de Encuentros con Brujas que te Quitarán el Sueño

DENTON CALDWELL

© Copyright 2022 – Denton Caldwell - Todos los derechos reservados.

Este documento está orientado a proporcionar información exacta y confiable con respecto al tema tratado. La publicación se vende con la idea de que el editor no tiene la obligación de prestar servicios oficialmente autorizados o de otro modo calificados. Si es necesario un consejo legal o profesional, se debe consultar con un individuo practicado en la profesión.

- Tomado de una Declaración de Principios que fue aceptada y aprobada por unanimidad por un Comité del Colegio de Abogados de Estados Unidos y un Comité de Editores y Asociaciones.

De ninguna manera es legal reproducir, duplicar o transmitir cualquier parte de este documento en forma electrónica o impresa.

La grabación de esta publicación está estrictamente prohibida y no se permite el almacenamiento de este documento a menos que cuente con el permiso por escrito del editor. Todos los derechos reservados.

La información provista en este documento es considerada veraz y coherente, en el sentido de que cualquier responsabilidad, en términos de falta de atención o de otro tipo, por el uso o abuso de cualquier política, proceso o dirección contenida en el mismo, es responsabilidad absoluta y exclusiva del lector receptor. Bajo ninguna circunstancia se responsabilizará legalmente al editor por cualquier reparación, daño o pérdida monetaria como consecuencia de la información contenida en este documento, ya sea directa o indirectamente.

Los autores respectivos poseen todos los derechos de autor que no pertenecen al editor.

La información contenida en este documento se ofrece únicamente con fines informativos, y es universal como tal. La presentación de la información se realiza sin contrato y sin ningún tipo de garantía endosada.

El uso de marcas comerciales en este documento carece de consentimiento, y la publicación de la marca comercial no tiene ni el permiso ni el respaldo del propietario de la misma.

Todas las marcas comerciales dentro de este libro se usan solo para fines de aclaración y pertenecen a sus propietarios, quienes no están relacionados con este documento.

Índice

Introducción — vii

1. Baba Yaga (Primera versión) — 1
2. Baba Yaga (Segunda versión) — 7
3. Baba Yaga y el niño — 15
4. Baba Yaga y el Runt — 21
5. Finist, el halcón brillante — 29
6. Ir no sé dónde, llevar no sé qué — 45
7. Ivanushka — 77
8. Luna y estrella — 85
9. El hermano — 101
10. La nuera — 111
11. La princesa encantada — 115
12. La pluma de Finist el Halcón Brillante — 129
13. El pájaro de fuego — 147
    Conclusión — 159

Introducción

Una bruja es inescrutable y tan poderosa que no debe lealtad al Diablo ni a Dios, ni siquiera a sus narradores. De hecho, se opone a todas las deidades y creencias judeocristianas y musulmanas. Es su propia mujer, una madre partenopea, y decide en cada caso si ayuda o mata a las personas que acuden a su cabaña que gira sobre patas de pollo.

Muestra muy pocas características y tendencias de las brujas occidentales, que fueron demonizadas por la iglesia cristiana, y que suelen ser bellas y seductoras, crueles y viciosas.

La bruja se extiende en su cabaña y tiene rasgos espantosos: pechos caídos, una horrible nariz larga y dientes afilados de hierro. En particular, se alimenta de sangre rusa y es caníbal. Su principal presa son los niños y las mujeres jóvenes, pero ocasionalmente amenaza con devorar a un hombre.

Secuestra en forma de torbellino u otras formas. Asesina a voluntad.

Introducción

Aunque nunca sabemos cómo lo hace, ha concebido hijas, que generalmente cumplen sus órdenes. Vive en el bosque, que es su dominio. Los animales la veneran y ella protege el bosque como una figura maternal. Las únicas veces que sale de él, viaja en un mortero blandiendo un mortero como garrote o timón y una escoba para barrer las huellas que deja. A veces, también puede ser generosa con sus consejos, pero su asesoramiento y ayuda no son baratos, ya que una Bruja siempre está poniendo a prueba a las personas que acuden a su cabaña por casualidad o por elección. Una Bruja puede a veces ser asesinada, pero hay otras que ocupan su lugar. La bruja tiene el secreto del agua de la vida y puede ser incluso la propia Madre Tierra. Por eso la brujería está muy viva hoy en día en todo el mundo.

Aunque la bruja sigue siendo un personaje popular, ahora se ha convertido en una figura legendaria internacional y probablemente nunca morirá. Las historias sobre sus espantosas y gloriosas hazañas circulan por todo el mundo traducidas. En los siglos XX y XXI han florecido fabulosas ilustraciones de libros, pinturas y coloridos diseños impresos, pintados o tallados en todo tipo de artefactos. A menudo es la figura estrella de los libros ilustrados para niños.

No importa cómo se la represente, siempre hay indicios de su herencia mística en las imágenes. Sin embargo, hay diferencias que reflejan las particularidades culturales, y el rasgo más distintivo de los cuentos maravillosos rusos, en mi opinión, es Baba Yaga.

Introducción

Independientemente del tipo de cuento o de lo común que sea en la tradición indoeuropea, ella surgirá en la historia como la figura decisiva y hará girar la trama a favor o en contra del protagonista. Además, no conozco ningún otro personaje de bruja/sabia en el folclore europeo que esté tan ampliamente descrito y dotado de una parafernalia tan inusual como Baba Yaga. Y lo que es más importante, anuncia claramente lo unida que está a Rusia cada vez que siente que la sangre rusa está cerca. Nadie ha explicado nunca del todo por qué está siempre tan ansiosa por derramar y devorar la sangre rusa y no la de alguna otra nación. Uno pensaría que, como protectora de la tierra rusa, podría ser siempre servicial cuando los rusos aparecen en su choza. Sin embargo, es la más severa con los rusos y parece extrañamente proteger el suelo ruso de los rusos. También es la que más exige a los rusos y no tiene piedad si no la escuchan. Baba Yaga es la probadora y juez definitiva, la diosa omnipotente desacralizada, que defiende los arraigados valores y la sabiduría pagana rusa y exige que las mujeres y los hombres jóvenes demuestren que merecen su ayuda. Pero lo que Baba Yaga también defiende en los cuentos del siglo XIX recogidos en este volumen son cualidades que los protagonistas necesitan para adaptarse y sobrevivir en situaciones difíciles, como la perseverancia, la bondad, la obediencia, la integridad y el valor.

Si tenemos en cuenta que estos cuentos reflejan en gran medida las condiciones de vida reales del pueblo ruso a mediados del siglo XIX, y que fueron escuchados y leídos al pie de la letra, son "documentos" muy profundos sobre las luchas de los rusos de a pie y su fe en criaturas extraordinarias que les ayuden en tiempos de necesidad. También son sueños de compensación por su desamparo. Historias de esperanza. Los cuentos están llenos de rivalidad entre hermanos, amargos conflictos entre hijastros y madrastras, incesto, lucha de clases, disputas sobre los verdaderos herederos, iniciaciones rituales, la búsqueda de la inmortalidad, etc. Aunque los cuentos pueden transcurrir en otro tiempo y reino, el narrador siempre los baja a la tierra al final, ya que lo que puede ocurrirles metafóricamente a los personajes de los cuentos está muy cerca de las condiciones experimentadas por los oyentes. En todos los cuentos, Baba Yaga es convincente y temida, porque obliga a los protagonistas a ponerse a prueba y a no engañarse pensando que hay una forma fácil de conciliar los conflictos. También por eso Baba Yaga trasciende a Rusia y se ha entretejido en otras culturas, sin duda, de forma muy diferente a los cuentos decimonónicos de esta colección.

El entramado intercultural de brujas y mujeres sabias es un aspecto fascinante de todo el folclore del mundo. De hecho, cuando empezamos a estudiar la alteridad de personajes como Baba Yaga, aprendemos mucho sobre nuestra propia cultura al observar las diferencias, mientras que, al mismo tiempo, podemos hacer comparaciones sorprendentes que muestran por qué Baba Yaga puede estar conectada con otras tradiciones populares de brujería popular en todo el mundo. Aquí presentamos algunas de ellas.

Baba Yaga (Primera versión)

Había una vez un matrimonio que tenía una hija. La esposa se levantó y murió. El hombre se casó con otra mujer y también tuvo una hija con ella. Aquella mujer le tomó aversión a su hijastra; la pobre no tenía ningún tipo de vida.

El hombre pensó y pensó en ello y llevó a su hija al bosque.

Mientras atravesaban el bosque, miró y vio una casita que se sostenía sobre patas de pollo. Entonces el hombre dijo: "Casita, casita, ponte de espaldas al bosque y de frente a mí". La casa se dio la vuelta.

El hombre entró en la casa, y allí dentro estaba Baba Yaga, con la cabeza mirando al frente, una pierna en una esquina y otra en la otra. "¡Hay un olor a algo ruso!", dijo Yaga.

. . .

El hombre se inclinó ante ella y le dijo: "¡Baba Yaga, pierna huesuda! He traído a mi hija para que te sirva".

"¡Bien, de acuerdo! Sírveme, sírveme", dijo Yaga a la chica. "Te recompensaré por ello".

El padre se despidió de ella y se fue a casa. Y Baba Yaga ordenó a la niña que hilara cosas del cesto, que encendiera la estufa y que preparara algo de todo para comer, mientras ella misma salía.

La muchacha se puso a trabajar en la estufa, pero lloraba amargamente. Los ratoncitos salieron corriendo y le dijeron: "Doncella, hermosa doncella, ¿por qué lloras? Danos unas gachas y te contaremos algo bueno". Ella les dio unas gachas. "Esto es lo que tienes que hacer", le dijeron. "Haces un hilo en cada huso".

Baba Yaga llegó a casa: "Entonces", dijo, "¿has preparado algo de todo?"

Pero la chica tenía todo preparado. "Bueno, entonces, vamos, dame un baño en la casa de baños". Yaga alabó a la chica y le dio todo tipo de ropa elegante.

. . .

Yaga volvió a salir y le asignó tareas aún más difíciles. La muchacha comenzó a llorar de nuevo. Los ratoncitos salieron corriendo y le dijeron: "¿Por qué lloras, hermosa doncella? Danos unas gachas y te daremos un buen consejo". Ella les dio unas gachas, y una vez más le dijeron qué hacer y cómo.

Baba Yaga volvió de nuevo, la elogió y le dio aún más ropa bonita... Después de un tiempo, la madrastra envió al hombre a ver si su hija estaba viva.

El hombre se fue. Llegó a la casa y vio que su hija se había hecho muy rica. La Yaga no estaba en casa, así que se llevó a su hija a casa.

Se dirigieron hacia su pueblo, y el perrito de la casa no pudo callarse. "¡Guau, guau, guau! Viene una señora, viene una señora".

La madrastra salió corriendo y le dio al perrito un rodillo.

"Estás mintiendo", gritó. "¡Di que los huesos están sonando en la cesta!" Pero el perro siguió diciendo lo que quería.

. . .

Llegaron a la casa. La madrastra empezó a molestar a su marido para que llevara también a su propia hija. Así que el hombre se la llevó al bosque.

Baba Yaga le asignó un trabajo y se fue. La muchacha estaba fuera de sí por la decepción y se puso a llorar. Los ratoncitos salieron corriendo y dijeron: "¡Doncella, doncella!

¿Por qué lloras?"

Pero ni siquiera les dejó terminar de hablar. Fue a por uno y luego a por otro con el rodillo. Siguió persiguiéndolos y no hizo el trabajo que debía hacer. Yaga llegó a casa y se enfadó. Volvió a ocurrir lo mismo, así que Yaga la hizo pedazos y metió sus huesos en una caja.

La madre envió a su marido a recoger a su hija. Cuando el padre llegó allí, sólo encontró huesos que llevarse.

Mientras se dirigía al pueblo, el perrito empezó a ladrar de nuevo en el porche: "¡Guau, guau, guau! Traen huesos en una caja". La madrastra salió corriendo con el rodillo.

"Estás mintiendo", gritó. "¡Di que viene una señora!"

. . .

Pero el perrito seguía repitiendo "¡Guau, guau, guau! Los huesos traquetean en la caja".

El marido llegó a casa, y entonces la mujer empezó a aullar de verdad. Para ti hay un cuento, y para mí una taza de cerveza.

2

Baba Yaga (Segunda versión)

Una vez vivían un anciano y su esposa. La esposa del anciano murió y él tomó otra esposa, pero tenía una niña de su primera esposa. A la malvada madrastra no le gustaba.

La golpeó y pensó en cómo deshacerse de ella de una vez por todas.

Una vez el padre se fue a algún sitio, y la madrastra le dijo a la niña: "Ve a ver a tu tía, mi hermana, y pídele una aguja e hilo para coserte una camisa". Pero esta tía era una Baba Yaga, pata de palo.

La chica no era tonta, así que primero pasó a ver a su propia tía.

. . .

"¡Hola, tía!"

"¡Hola, querida! ¿Por qué estás aquí?"

"Mamá me ha enviado a su hermana para pedirle una aguja e hilo para coserme una camisa".

La tía le dijo lo que tenía que hacer. "Mi querida sobrina, un abedul de allí te azotará en los ojos: átalo con una cinta.

El portón de allí chirriará y se cerrará de golpe: echa un poco de aceite bajo sus goznes. Los perros de allí te desgarrarán, y tú les arrojarás un poco de pan. El gato de allí te arañará los ojos; dale un poco de jamón".

La chica se puso en marcha. Caminó y caminó, y llegó allí.

Había una cabaña, y Baba Yaga, con su pierna de hueso, estaba sentada dentro y esperaba.

"¡Hola, tía!"

. . .

"¡Hola, querida!"

"Mamá me envía a pedirte una aguja e hilo para coserme una camisa".

"Bien; siéntate un momento y teje".

La muchacha se sentó en el telar. Pero Baba Yaga salió y le dijo a su criada: "Ve, calienta la casa de baños y lava a mi sobrina, y asegúrate de hacer un buen trabajo. Quiero tenerla para el desayuno".

La muchacha estaba sentada allí, ni viva ni muerta, aterrorizada. Le rogó a la sirvienta: "¡Mi querida niña! No enciendas la leña tanto como echas el agua, y lleva el agua en un colador", y le dio un pañuelo. Baba Yaga estaba esperando. Se acercó a la ventana y preguntó: "¿Estás tejiendo, sobrinita, estás tejiendo, querida?".

"¡Estoy tejiendo, tía! ¡Estoy tejiendo, querida!"

Baba Yaga volvió a alejarse, y la niña le dio al gato un poco de jamón y le preguntó: "¿Hay alguna forma de salir de aquí?".

. . .

"Aquí tienes un peine y una toalla para ti", dijo el gato.

"Tómalos y huye. Baba Yaga te perseguirá. Pon el oído en el suelo, y cuando oigas que está cerca, tira primero la toalla: se convertirá en un río muy ancho. Si Baba Yaga cruza el río y empieza a alcanzarte, pones la oreja en el suelo de nuevo, y cuando oigas que está cerca, tira el peine: se convertirá en un bosque muy, muy espeso. Ella no podrá atravesarlo".

La chica cogió la toalla y el peine y salió corriendo. Los perros querían desgarrarla; ella les tiró un poco de pan y la dejaron pasar. El portón quiso golpearla; ella echó un poco de aceite bajo las bisagras, y la dejó pasar. El abedul quería sacarle los ojos; ella lo ató con una cinta, y la dejó pasar. Y el gato se sentó ante el telar y se puso a tejer. No tejió tanto como enredó las cosas. Baba Yaga se acercó a la ventana y preguntó: "¿Estás tejiendo, mi sobrinita, estás tejiendo, querida?".

"¡Estoy tejiendo, tía! Estoy tejiendo, cariño", respondió el gato con voz ronca.

Baba Yaga entró corriendo en la cabaña, vio que la niña había huido y empezó a golpear y regañar al gato. ¿Por qué no le había sacado los ojos a la niña? "Llevo mucho tiempo sirviéndote", dijo el gato. "Nunca me has dado ni siquiera un hueso, pero ella me dio un poco de jamón".

. . .

Baba Yaga se lanzó sobre los perros, sobre las puertas, sobre el abedul y sobre la criada. Empezó a regañar a cada uno y a golpearlos. Los perros le dijeron: "Llevamos tanto tiempo sirviéndote y nunca nos has tirado un mendrugo quemado, pero nos ha dado pan".

La puerta dijo: "Llevo mucho tiempo sirviéndote y nunca has echado agua bajo mis goznes, pero ella echó aceite".

El abedul dijo: "Llevo tanto tiempo sirviéndote y nunca me has atado con un hilo, pero ella me ató con una cinta".

La sirvienta dijo: "Llevo tanto tiempo sirviéndote y nunca me has dado un trapo, pero ella me dio un pañuelo".

Baba Yaga, la pata de hueso, se sentó en su mortero, empujó con un mortero, barrió las huellas con una escoba y salió a perseguir a la niña. La niña puso el oído en el suelo y oyó que Baba Yaga la perseguía y ya se acercaba. Se levantó y lanzó la toalla. ¡Se convirtió en un río tan ancho, tan ancho!

Baba Yaga llegó al río y sus dientes chirriaron de malicia.

. . .

Volvió a su casa, cogió sus toros y los llevó al río. Los toros se bebieron todo el río.

Baba Yaga volvió a salir en su persecución. La niña puso el oído en el suelo y oyó que Baba Yaga estaba cerca. Lanzó el peine y éste se convirtió en un bosque tan espeso y terrible. Baba Yaga empezó a masticarlo, pero por más que lo intentó no pudo atravesarlo, así que volvió a su casa.

Pero el anciano ya había regresado y preguntó: "¿Dónde está mi hija?".

"Se fue a casa de su tía", respondió la madrastra.

Un poco más tarde, la propia niña llegó corriendo a la casa. "¿Dónde estabas?", preguntó su padre.

"¡Oh, papá!", dijo ella. "Fue así. Mamá me envió a casa de mi tía para pedirle una aguja e hilo para coserme una camisa, pero mi tía es una Baba Yaga, y quería comerme".

"¿Cómo te has escapado, hija?"

"Así", y la chica le contó la historia.

. . .

Cuando el viejo se enteró de todo, se enfadó con su mujer y le disparó.

Pero él y su hija siguieron viviendo y viviendo bien y ganando riquezas. Y yo estaba allí, bebía hidromiel y cerveza: fluía por mi bigote, pero no entraba en mi boca.

3

Baba Yaga y el niño

UNA VEZ VIVÍAN UN GATO, un gorrión y un joven hecho tres. El gato y el gorrión fueron a cortar leña, y le dijeron al chico: "Cuida la casa, pero ten cuidado. Si viene Baba Yaga y empieza a contar las cucharas, no digas nada, ¡cállate!".

"Muy bien", dijo el chico.

El gato y el gorrión se fueron, y el niño se subió a la estufa y se sentó detrás del tubo de la estufa. De repente, apareció una Baba Yaga, cogió las cucharas y empezó a contar: "Esta es la cuchara del gato, esta es la del gorrión, y la tercera es la del niño".

El niño no pudo soportarlo y gritó: "¡Baba-yaga, no toques mi cuchara!".

. . .

Baba Yaga agarró al niño, se subió a su mortero y se marchó. Montó en el mortero, empujó con el mortero y barrió sus huellas con una escoba.

El niño empezó a gritar: "¡Corre, gato! ¡Vuela, gorrión!"

Lo oyeron y vinieron corriendo. El gato arañó a Baba Yaga mientras el gorrión la picoteaba, y le quitaron al niño. Al día siguiente se preparaban para ir al bosque de nuevo a cortar leña, y le dijeron al niño: "¡Cuidado! Si viene Baba Yaga, no digas nada. Esta vez nos vamos lejos".

Apenas el niño se acomodó detrás del fogón, la Baba Yaga apareció de nuevo y comenzó a contar las cucharas. "Ésta es la cuchara del gato, ésta la del gorrión y ésta la del niño".

El niño no pudo soportarlo y gritó: "¡No toques mi cuchara, Baba Yaga!".

Yaga-baba agarró al niño y lo arrastró fuera, pero el niño gritó: "¡Gato, gorrión, ayuda!".

Lo oyeron y vinieron corriendo; el gato arañó, el gorrión picoteó a la Yaga-baba. Apartaron al niño de ella y volvieron a casa.

Al tercer día se prepararon para ir al bosque a cortar leña, y le dijeron al niño: "¡Cuidado! Si viene la Yaga-baba, no hagas ruido. Ahora nos vamos lejos".

El gato y el gorrión se fueron, y el tercero, el niño, tomó asiento en la estufa detrás de la pipa. De repente, la Yaga-baba volvió a coger las cucharas y empezó a contar: "Esta es la cuchara del gato, esta es la del gorrión y la tercera es la del niño".

El chico se quedó callado.

La Yaga-baba empezó a contar por segunda vez: "Esta es la cuchara del gato, esta es la del gorrión, y la tercera es la del niño".

El chico se quedó callado.

El Yaga-baba contó por tercera vez: "Esta es la cuchara del gato, esta es la del gorrión, la tercera es la del niño".

El chico no pudo soportarlo. Empezó a gritar: "¡No me toques la cuchara, zorra!".

. . .

Yaga-baba agarró al niño y lo arrastró.

El niño gritó: "¡Corre, gato! ¡Vuela, gorrión!" Pero sus hermanos no le oyeron. Yaga-baba arrastró al niño hasta su casa, lo puso en la caja de la estufa, encendió ella misma la estufa y le dijo a su hija mayor: "¡Así, niña! Me voy a Rus'. Asa a este niño para mi almuerzo".

"¡Muy bien!", respondió su hija.

La estufa se puso bien caliente. La chica ordenó al niño que saliera. El niño salió y la chica le dijo: "¡Túmbate en la sartén!".

El chico se tumbó, pegó una pierna hacia el techo y la otra hacia el suelo.

La chica dijo: "¡Por ahí no, por ahí no!".

El chico dijo: "¿Entonces cómo? Adelante, enséñame".

La chica se acostó sobre la sartén.

. . .

El chico no perdió los nervios. Agarró el tenedor del horno y metió la sartén con la hija de Yaga en la estufa. Volvió a entrar en el fogón y se sentó a esperar a la Yaga-baba.

De repente, Yaga-baba vino corriendo y dijo: "¡Quiero rodar, quiero revolcarme en los huesos del niño!".

Pero el chico le contestó: "¡Revolcándose, revolcándose en los huesos de su propia hija!".

Yaga-baba jadeó y echó un vistazo: era su hija la que había sido asada. Gritó: "¡Oh! ¡Sinvergüenza, espera! No te librarás de ésta". Ordenó a su hija mediana que asara al niño y se fue. La hija del medio encendió la estufa y le dijo al niño que saliera. El niño salió, se tumbó en la sartén, metió un pie hacia el techo y el otro hacia el suelo. La niña dijo: "¡Así no! Así no". "Entonces enséñame cómo".

La chica se tumbó en el asador. El chico se levantó y la metió en la estufa, volvió a la caja de la estufa, y allí se sentó.

De repente, Yaga-baba entró corriendo: "¡Quiero rodar, quiero revolcarme en los huesos del niño!"

. . .

Respondió: "¡Revolcándose, revolcándose en los huesos de su hija!"

Yagishna se enfureció: "Eh, espera", dijo, "¡no te escaparás de mí!". Ordenó a su hija menor que lo asara. Pero no hubo nada que hacer: ¡la niña también lo cocinó!

Yaga-baba se enfadó aún más. "Espera", dijo, "¡no te escaparás de mí!" Avivó la estufa y gritó: "¡Sal, chico! Túmbate ahí en la bandeja de asar".

El niño se tumbó, metió una pierna hacia el techo y la otra hacia el suelo, y no cabía en el horno.

Yaga-baba dijo: "¡Así no! Así no".

Pero el chico actuó como si no lo supiera: "No sé cómo hacerlo", dijo. "¡Enséñame tú!"

Yaga-baba se tumbó y se acurrucó en la sartén.

El chico no dudó. Fue y la metió en la estufa. Corrió a casa, entró y les dijo a sus hermanos: "Dejen que les cuente lo que le hice a la Yaga-baba".

4

Baba Yaga y el Runt

Vivían un hombre y una mujer que no tenían hijos. No importaba lo que hicieran, ni cómo rezaran a Dios, la anciana seguía sin tener hijos.

Un día el hombre fue al bosque a buscar setas. En el camino se encontró con un hombre muy mayor. "Sé lo que hay en tus pensamientos", le dijo. "No dejas de pensar en los niños.

Recorre el pueblo, recoge un huevo de cada hogar y pon una gallina de cría para que se siente sobre esos huevos. Verás por ti mismo lo que ocurre".

El anciano volvió a la aldea. Había cuarenta y un hogares en su aldea, así que los recorrió todos, tomó un huevo de cada uno y puso una gallina de cría en los cuarenta y un huevos.

Pasaron dos semanas. El anciano echó un vistazo, la anciana también, y vieron que de los huevos habían nacido muchos niños. Había cuarenta fuertes y sanos, pero uno no había salido tan bien: ¡era enclenque y débil! El anciano empezó a poner nombres a los niños. Les puso nombres a todos, pero al último no le quedaban nombres. "Bueno", dijo, "¡puedes llamarte Runt!"

Los hijos del anciano y la anciana crecieron. No crecieron por días sino por horas. Crecieron y empezaron a trabajar, a ayudar a su padre y a su madre. Los cuarenta buenos muchachos estaban ocupados en el campo, mientras la tía se ocupaba de las cosas en casa. Llegó el momento de la siega del heno, y los hermanos segaron la hierba, colocaron los pajares, trabajaron durante una semana y luego volvieron al pueblo. Comieron lo que Dios les mandó y se acostaron a dormir. El anciano miró y dijo: "¡Jóvenes y verdes! Comen mucho y duermen profundamente, ¡pero no han hecho ningún trabajo!".

"¡Primero, sal y echa un vistazo, papá!" le respondió Runt. El viejo se puso la chaqueta y salió a los prados. Miró, y había cuarenta pajares rastrillados juntos. "¡Sí, los chicos son buenos muchachos! Han segado tanto en una semana y lo han rastrillado todo en montones".

Al día siguiente, el padre se dispuso a ir de nuevo a los prados, pues quería admirar sus bienes.

Llegó allí y le pareció que faltaba uno de los montones. Volvió a casa y dijo: "¡Ah, hijos! ¿Sabéis que ha desaparecido una pila?".

"¡No te preocupes, papá!", respondió Runt. "Atraparemos al ladrón. Dame cien rublos y lo haré". Cogió cien rublos de su padre y fue al herrero. "¿Puedes forjarme una cadena lo suficientemente larga como para envolver a una persona de pies a cabeza?"

"¿Por qué no podría falsificarla?"

"Ten cuidado, hazla muy fuerte. Si la cadena aguanta te pagaré cien rublos, pero si se rompe habrás desperdiciado tu trabajo".

El herrero forjó una cadena de hierro; Runt se la enrolló, se estiró y la cadena se rompió. El herrero hizo otra dos veces más fuerte, y ésa sí era buena. Runt cogió esta cadena, pagó los cien rublos y se fue a vigilar el heno. Se sentó bajo uno de los pajares y esperó.

Al filo de la medianoche el tiempo cambió, el mar se agitó y una maravillosa yegua salió de las profundidades del mar.

. . .

Corrió hasta el primer pajar y empezó a devorar el heno.

Runt saltó, la ató con la cadena de hierro y se subió a su lomo. La yegua empezó a corcovear, llevándolo por encima de la colina y el valle, pero no, no era lo suficientemente fuerte como para sacudirse al jinete. Se detuvo y le dijo: "¡Bien, buen muchacho! Ya que has conseguido mantener tu asiento sobre mí, entonces debes coger mis potros y domarlos".

La yegua corrió hacia el mar azul y relinchó con fuerza.

Entonces el mar azul se agitó y salieron a la orilla cuarenta y un sementales, ¡cada uno más guapo que el anterior! Podrías recorrer el mundo entero y no encontrarías ninguno igual en ninguna parte. Por la mañana, el viejo oyó relinchos y pisotones en el patio. ¿Qué podía ser? Pero era su hijo Runt, que había llevado todo el rebaño a casa. "¡Hola, hermanos!", dijo. "Ahora hay un caballo para cada uno. Vamos a cabalgar juntos para encontrar novias para nosotros".

"¡Vamos!" Su padre y su madre les dieron su bendición, y los hermanos emprendieron el largo camino.

Cabalgaron durante mucho tiempo por el mundo blanco, pero ¿dónde podían encontrar tantas novias?

No querían casarse por separado, para no herir los sentimientos de nadie, pero ¿qué madre puede presumir de haber tenido cuarenta y una hijas a la vez? Los buenos muchachos recorrieron tres veces nueve tierras y llegaron a un palacio de piedra blanca en una montaña escarpada, rodeado de un alto muro, con columnas de hierro colocadas en las puertas. Contaron, y había cuarenta y un pilares. Así que sujetaron sus cuarenta y un caballos bogatyr a esos pilares y entraron en el patio. Allí les salió al encuentro una Baba Yaga.

"¡Ah, tú, sin llamar y sin ser invitado! ¿Cómo te atreves a enganchar tus caballos sin permiso?"

"¡Bueno, vieja! ¿Por qué gritas? Primero danos algo de comer y beber, llévanos a la casa de baños, y después pregúntanos por las noticias". Baba Yaga les dio de comer, les dio de beber, les llevó a la casa de baños y después empezó a preguntarles: "¿Qué pasa, buenos muchachos? ¿Estáis haciendo una hazaña o huyendo de una hazaña?".

"¡Estamos haciendo una hazaña, abuela!"

"¿Qué es lo que necesitas?"

"Por qué, estamos buscando novias."

"Tengo hijas", dijo Baba Yaga. Corrió a las cámaras altas y sacó a cuarenta y una doncellas.

Se comprometieron enseguida y empezaron a beber, a celebrarlo y a celebrar la boda. Al anochecer, Runt fue a ver a su caballo. Su buen caballo lo vio y habló con voz humana: "¡Cuidado, amo! Cuando te acuestes a dormir con tus jóvenes esposas, vístelas con tus ropas, y ponte tú mismo la ropa de tus esposas. Si no, estaremos todos perdidos". Runt se lo dijo a sus hermanos, y entonces vistieron a las jóvenes esposas con sus ropas, se pusieron ellos mismos la ropa de las esposas y se acostaron a dormir. Todos se durmieron, pero Runt no cerró ni un ojo. Al filo de la medianoche, Baba Yaga gritó con fuerza: "¡Eh, vosotros, mis fieles sirvientes, cortad las cabezas salvajes de estos huéspedes no invitados!".

Sus fieles sirvientes vinieron corriendo y cortaron las cabezas salvajes de las propias hijas de Baba Yaga. Runt despertó a sus hermanos y les contó todo lo que había pasado. Cogieron las cabezas y las clavaron en los pinchos de hierro que rodeaban la muralla, luego ensillaron sus caballos y partieron a toda prisa.

Por la mañana Baba Yaga se levantó, miró por la ventana, y alrededor de la pared las cabezas de sus hijas estaban clavadas en las espigas. Se enfadó terriblemente, ordenó su escudo de fuego, salió en su persecución y empezó a disparar fuego desde el escudo en las cuatro direcciones.

¿Dónde podían esconderse los buenos muchachos? Delante de ellos estaba el mar azul, detrás de ellos estaba Baba Yaga, ardiendo y disparando. Podrían haber muerto todos, pero Runt tuvo una buena idea. Se le había ocurrido coger un pañuelo de Baba Yaga, y agitó ese pañuelo delante de él. De repente apareció un puente que se extendía por todo el mar azul. Los buenos muchachos cabalgaron por él hasta el otro lado. Runt agitó el pañuelo en la otra dirección y el puente desapareció. Baba Yaga regresó y los hermanos cabalgaron hacia su casa.

5

Finist, el halcón brillante

Una vez vivieron un anciano y una anciana. Tenían tres hijas; la más joven era una belleza tal que no puede ser contada en un cuento ni escrita por una pluma. Una vez el anciano se disponía a ir a la ciudad para el mercado y dijo: "¡Mis graciosas hijas! Lo que deseéis, dadme vuestras órdenes: lo compraré todo en el mercado".

La mayor pidió: "Cómprame un vestido nuevo, padre".

La del medio dijo: "Cómpreme un pañuelo de mantilla, padre".

Pero la más joven dijo: "Cómprame una florecita escarlata".

. . .

El padre se rió de la hija menor. "¿Y para qué, pequeña tonta, necesitas una florecita escarlata? Te vendría muy bien. Haría mejor en comprarte ropa elegante".

Sólo que, dijera lo que dijera, no podía persuadirla en absoluto. "Compra una pequeña flor escarlata", y eso era todo lo que ella quería.

El anciano se dirigió al mercado. Compró a su hija mayor un vestido y a la mediana un pañuelo de mantilla, pero no pudo encontrar una florecita escarlata en toda la ciudad. Ya estaba en la misma puerta de la ciudad cuando se encontró con un anciano al que no conocía, que llevaba una florecita escarlata en las manos. "¡Véndame su flor, anciano!"

"No está en venta; es especial. Si tu hija menor se casa con mi hijo, Finist el halcón brillante, entonces te daré la flor a cambio de nada". El padre se quedó pensativo: no tomar la flor le causaría dolor a su hija, pero tomarla significaría tener que casarla, y sabe Dios con quién. Pensó y pensó, y finalmente tomó la pequeña flor escarlata, después de todo.

"No es una desgracia", pensó. "¡Ya vendrá a cortejar más tarde, y si no es bueno podremos rechazarlo!".

. . .

El anciano llegó a casa y le dio a su hija mayor el vestido y a su hija mediana el pañuelo chal, pero a la menor le dio la florecita y le dijo: "¡Tu flor no me gusta, mi querida hija, no me gusta nada!"

Y le susurró al oído: "Sabes, la flor era especial, no estaba en venta. Me la dio un viejo desconocido con la condición de que te casara con su hijo, Finist el halcón brillante".

"No te aflijas, padre", respondió la hija. "Es tan bueno y cariñoso. Vuela como un halcón brillante por el cielo, pero en cuanto toca la tierra húmeda... ¡entonces se convierte en un buen joven!"

"¿Puede ser que lo conozcas?"

"¡Lo conozco, lo conozco, Padre! El domingo pasado estaba en la iglesia, no dejaba de mirarme, y hablé con él... ¡Ya sabe, me quiere, Padre!"

El anciano sacudió la cabeza, miró de cerca a su hija, se persignó sobre ella y dijo: "¡Vete a tu cuarto, mi querida hija! Ya es hora de dormir. La mañana es más sabia que la noche. Ya le daremos sentido a todo esto más tarde".

. . .

Pero la hija se encerró en su habitación, puso la pequeña flor escarlata en agua, abrió la ventana y miró hacia la distancia azul. De la nada, apareció ante ella el brillante halcón Finist, de plumas enjoyadas. Entró en picado por la ventana, golpeó el suelo y se convirtió en un buen muchacho. Al principio la muchacha se asustó, pero luego, una vez que él empezó a hablar con ella, se sintió muy alegre y buena. Conversaron hasta el amanecer, no sé de qué.

Sólo sé que, cuando empezó a amanecer, Finist, el brillante halcón de las plumas enjoyadas, la besó y le dijo: "Todas las noches, en cuanto pongas la florecita escarlata en el alféizar de la ventana, iré a verte, querida. Y aquí tienes una pluma de mi ala para ti. Si necesitas algún tipo de ropa fina, sal al porche y agita la pluma a la derecha. En un instante todo lo que tu alma pueda desear aparecerá frente a ti". La besó una vez más, se convirtió en un brillante halcón y se alejó volando sobre el oscuro bosque.

La niña vio partir a su pretendido, cerró la ventana y se acostó a descansar. A partir de entonces, todas las noches, en cuanto ponía la florecita escarlata en la ventana abierta, el buen muchacho Finist, el brillante halcón, venía volando hacia ella.

Llegó el domingo y las hermanas mayores comenzaron a vestirse para ir a la iglesia. "¿Y qué te vas a poner?

. . .

¡No tienes nada nuevo!", le dijeron a la más joven. Ella contestó: "¡No pasa nada, yo también puedo rezar en casa!".

Las hermanas mayores se fueron a misa, pero la pequeña se sentó junto a la ventana, toda manchada, y miró a los ortodoxos que iban a la iglesia de Dios. Esperó lo suficiente a que pasaran, salió al porche, agitó la pluma enjoyada a la derecha, y de la nada apareció ante ella un carruaje de cristal, con una yunta de caballos a juego, y una sirvienta de oro, vestidos y todo tipo de adornos hechos con joyas de colores brillantes.

La hermosa doncella se vistió en un minuto, subió al carruaje y se apresuró a ir a la iglesia. La gente la miraba y se maravillaba de su belleza.

"¡Se ve que ha venido una princesa!", decía la gente entre sí. Cuando oyó que el oficio religioso llegaba a su fin, salió inmediatamente de la iglesia, subió al carruaje y se fue a su casa. Los ortodoxos salieron a la calle con la esperanza de echar un vistazo y ver a dónde iba, pero no había ni rastro de ella. Su rastro se había enfriado hace tiempo. Nada más llegar al porche de su casa, nuestra bella agitó la pluma enjoyada hacia la izquierda. En poco tiempo el criado la ayudó a quitarse el espléndido vestido, y el carruaje desapareció. Ella estaba sentada como antes, como si no hubiera pasado nada, mirando por la ventana a los ortodoxos que se dispersaban hacia sus casas.

Sus hermanas también llegaron a casa. "¡Bien, hermana!", dijeron. "¡Qué belleza había en la misa de la iglesia! Un verdadero placer de ver, ¡no hay cuento que lo cuente ni pluma que lo escriba! Debía ser una reina de tierras extranjeras que venía de visita. Estaba magnífica, toda vestida".

Llegó un segundo domingo, y un tercero. La bella doncella no dejaba de burlarse de los ortodoxos, de sus propias hermanas y de su padre y su madre. Una vez, mientras se quitaba sus finas ropas, se olvidó de quitarse un alfiler de diamantes del pelo. Sus hermanas mayores vinieron de la iglesia y le estaban hablando de la hermosa princesa, cuando echaron un vistazo a su hermanita, y el diamante brillaba en sus trenzas. "¡Ah, hermana! ¿Qué tienes ahí?", gritaron las niñas. "Vaya, la princesa de hoy llevaba exactamente ese tipo de broche en el pelo. ¿De dónde lo has sacado?"

La bella doncella jadeó y salió corriendo hacia su dormitorio. Las preguntas, las conjeturas y los cuchicheos no cesaban. Pero la hermana menor se quedó callada y se rió para sí misma.

Entonces las hermanas mayores empezaron a prestarle mucha atención, a escuchar por la noche fuera de su dormitorio, y una vez oyeron su conversación con Finist, el halcón brillante. Al amanecer lo vieron con sus propios ojos cuando salió disparado por la ventana y voló sobre el oscuro bosque.

Al parecer, las dos hermanas mayores eran malvadas. Decidieron esconder cuchillos en la ventana de la habitación de su hermana por la noche para que Finist, el halcón brillante, cortara sus alas enjoyadas.

Una vez que tuvieron la idea, lo hicieron, mientras que la hermana menor no sospechó nada. Puso su florecilla escarlata en el alféizar de la ventana, se tumbó en su cama y se quedó profundamente dormida. Al final, el brillante halcón vino volando, pero cuando se abalanzó sobre la ventana se cortó la pierna izquierda. Pero la bella doncella no se enteró de nada, estaba durmiendo tan dulcemente, tan tranquilamente. El brillante halcón se elevó furioso hacia el cielo abierto y se alejó volando sobre el oscuro bosque.

Por la mañana, la bella se despertó y miró en todas las direcciones. Ya había amanecido, pero no había ni rastro del apuesto joven. En cuanto se asomó a la ventana, vio unos afilados cuchillos que sobresalían de un lado a otro de la ventana y de los que goteaba sangre escarlata sobre la pequeña flor. Durante mucho tiempo la doncella se ahogó en amargas lágrimas; pasó muchas noches sin dormir junto a la ventana de su habitación, intentó agitar la pluma enjoyada, pero todo fue en vano. Finalmente, el brillante halcón no vino volando hacia ella, ¡y tampoco envió a sus sirvientes!

Finalmente se dirigió a su padre con lágrimas en los ojos y le pidió su bendición. "Me voy, no sé a dónde", dijo.

Encargó tres pares de zapatos de hierro forjados para ella y tres muletas de hierro, tres gorros de hierro y tres panes de hierro. Se puso un par de los zapatos en los pies, un gorro en la cabeza, una muleta en las manos, y partió en la misma dirección en la que Finist, el halcón brillante, siempre había venido volando a verla. Caminó a través de un bosque profundo y oscuro, pasó por encima de tocones y de pilares; los zapatos de hierro ya se estaban desgastando, el gorro de hierro se estaba gastando, la muleta se estaba rompiendo, el pan estaba roído, pero la bella doncella siguió caminando y caminando, mientras el bosque se volvía cada vez más negro, más espeso. De repente vio, frente a ella, una cabaña de hierro fundido sobre patas de pollo que giraba constantemente.

La doncella dijo: "¡Casita, casita! Ponte de espaldas al bosque y de frente a mí". La casa giró su frente hacia ella. Ella entró en la casa, y una Baba Yaga se encontraba dentro de esquina a esquina, con los labios apoyados en la barandilla, la nariz pegada al techo. "¡Fie-fie-fie! Antes el olor ruso no se podía ver con la vista, no se podía oír con el oído, ¡pero ahora el espíritu ruso camina sobre el mundo libre y aparece ante mis propios ojos, se lanza a mi nariz! ¿A dónde lleva tu camino, bella doncella? ¿Haces una hazaña o huyes de una hazaña?"

"Abuela, yo tenía a Finist el halcón brillante, plumas enjoyadas, pero mis hermanas le hicieron daño. Ahora estoy buscando a Finist el halcón brillante".

"¡Tendrás que recorrer un largo camino, pequeño! Debes atravesar otras tres tierras. Finist, el halcón brillante, de plumas enjoyadas, vive en el quincuagésimo reino, en el octogésimo estado, y ya está desposado con una princesa".

Baba Yaga alimentó a la doncella con lo que Dios le había proporcionado, le dio de beber y la acostó. Por la mañana, en cuanto la luz comenzó a extenderse, la despertó y le dio un precioso regalo, un pequeño mazo de oro y diez clavos de diamante. Y la instruyó: "Cuando llegues al mar azul, Finist, la brillante novia del halcón, saldrá a la orilla a pasear. Pero tú toma este mazo de oro en tu mano y clava los clavos de diamante. Ella te pedirá que se los compres. No tomes nada, bella doncella, sólo pide ver a Finist el brillante halcón. Ahora, ve con Dios a ver a mi hermana mediana".

Una vez más, la hermosa doncella caminó a través del oscuro bosque, cada vez más lejos, y el bosque se volvía cada vez más negro y denso, con sus copas de árboles enroscándose hacia el cielo. El segundo par de zapatos estaba ya en el talón, la segunda gorra estaba ya gastada, la muleta de hierro se estaba rompiendo, y el segundo pan estaba roído, cuando ante ella se encontraba una casa de hierro fundido sobre patas de pollo, que giraba sin cesar.

"¡Casa pequeña, casa pequeña! Ponte de espaldas al bosque y de frente a mí. Debo subir dentro, para comer un poco de pan".

La casita se volvió de espaldas al bosque, con la fachada hacia la doncella. Ella entró, pero una Baba Yaga se encontraba en el interior de la casita de esquina a esquina, con los labios apoyados en la barandilla y la nariz clavada en el techo. "¡Fie-fie-fie!

Antes, el olor ruso no podía verse con la vista ni oírse con el oído, ¡pero ahora el olor ruso ha empezado a caminar por todo el ancho mundo! ¿A dónde lleva tu camino, bella doncella?"

"Abuela, estoy buscando a Finist, el halcón brillante".

"Está a punto de casarse. Ya están celebrando la fiesta para las damas de honor", dijo la Baba Yaga. Dio a la doncella comida y bebida y la puso a dormir. Por la mañana, en cuanto amaneció, la despertó, le dio un platillo de oro con una bola de diamantes y le ordenó con firmeza: "Cuando llegues a la orilla del mar azul, empieza a hacer rodar la bola de diamantes sobre el platillo de oro. Al final, la brillante novia del halcón saldrá hacia ti y empezará a tratar de comprar el platillo con la bola. Pero no aceptes nada por ello, sólo pide ver a Finist el halcón brillante, plumas enjoyadas. Ahora ve con Dios a ver a mi hermana mayor".

De nuevo la hermosa doncella caminó por el oscuro bosque, cada vez más lejos, y el bosque cada vez más negro y espeso.

El tercer par de zapatos estaba ya en el talón, la tercera gorra estaba ya gastada, la última muleta se estaba rompiendo y el último pan estaba roído. Ante ella, una casa de hierro fundido se alzaba sobre patas de pollo. No paraba de girar y dar vueltas.

"¡Casita, casita! Da la espalda al bosque, tu frente a mí; debo entrar a comer un poco de pan". La casa se giró.

Una vez más había una Baba Yaga en la casa. Estaba de esquina a esquina, con los labios apoyados en la barandilla y la nariz clavada en el techo. "¡Fie-fie-fie! Antes el olor ruso no se veía con la vista, no se oía con el oído, ¡pero ahora el olor ruso camina por todo el ancho mundo! ¿A dónde lleva tu camino, bella doncella?"

"Estoy buscando a Finist, el halcón brillante, abuela".

"¡Ah, bella doncella, ya está casado! Aquí está mi veloz caballo, móntalo y cabalga con Dios". La doncella montó el caballo y siguió corriendo, mientras el bosque se hacía cada vez más fino.

Y allí estaba el mar azul, amplio y libre, extendiéndose ante ella, y allá en la distancia, como si fuera fuego, ardían los tejados dorados de las altas torres de piedra blanca.

"¡Ese debe ser el reino de Finist, el halcón brillante!", pensó la doncella. Se sentó en la arena movediza y comenzó a clavar los clavos de diamante con el martillo de oro. De repente, una princesa vino caminando por la playa con sus enfermeras, con sus niñeras y con sus fieles sirvientes. Se detuvo y empezó a regatear por los clavos de diamante y el mazo de oro.

"Princesa, déjame echar un vistazo a Finist, el halcón brillante, y te los dejaré por nada", respondió la muchacha. "Pero Finist, el halcón brillante, está durmiendo ahora; ordenó que no se le dejara entrar a nadie. Pues que así sea, dame tus maravillosas uñas y tu mazo y te lo enseñaré".

Cogió el mazo y los clavitos, corrió al palacio y clavó un alfiler mágico en la ropa de Finist, el halcón brillante, para que durmiera más profundamente y no se despertara de su sueño. Luego ordenó a las enfermeras que condujeran a la bella doncella al palacio donde estaba su marido, el halcón brillante, y ella misma salió a pasear. Durante mucho tiempo la muchacha se retorció las manos, durante mucho tiempo lloró por su querido, pero no había manera de despertarlo...

Una vez que hubo paseado todo lo que quiso, la princesa volvió a casa, ahuyentó a la bella doncella y sacó el alfiler.

. . .

Finist el halcón brillante se despertó. "¡Uf, cuánto tiempo he estado durmiendo!", dijo. "Alguien estaba aquí y no paraba de llorar y lamentarse por mí. Sólo que no podía abrir los ojos: ¡me costaba tanto!".

"Estabas soñando", respondió la princesa. "No había nadie aquí".

Al día siguiente, la bella doncella volvió a sentarse en la orilla del mar azul oscuro, e hizo rodar la bola de diamantes en el platillo de oro. La princesa salió a pasear. La vio y le pidió: "¡Véndemela!".

"¡Déjame echar un vistazo a Finist, el halcón brillante, y te lo dejaré por nada!"

La princesa accedió y volvió a clavar un alfiler en las ropas de Finist, el brillante halcón. De nuevo la bella doncella lloró amargamente por su querido y no pudo despertarlo. Al tercer día se sentó en la orilla del mar azul oscuro, tan apenada y triste, alimentando a su caballo con carbones encendidos. La princesa vio que el caballo era alimentado con fuego, y empezó a pedir que lo compraran.

"¡Deja que le eche un vistazo a Finist, el halcón brillante, y te lo daré por nada!"

La princesa aceptó, corrió al palacio y dijo: "¡Finist, halcón brillante! Deja que te busque piojos en el pelo".

Se sentó a registrar su cabeza y le clavó un alfiler en el pelo.

Inmediatamente se quedó profundamente dormido.

Entonces envió a sus enfermeras a traer a la bella doncella. Entró, trató de despertar a su querido, lo abrazó, lo besó y ella misma lloró amargamente. No, no se despertaba. Se puso a buscar en su pelo y sacó por casualidad el alfiler mágico. Al final el brillante halcón, de plumas enjoyadas, se despertó enseguida, vio a la bella doncella, ¡y cómo se alegró!

Ella le contó todo lo que había sucedido: cómo sus malvadas hermanas habían empezado a envidiarla, cómo se había ido de paseo y cómo había negociado con la princesa. Él se enamoró de ella aún más que antes, besó sus labios azucarados y ordenó sin demora una reunión de boyardos y príncipes y toda clase de gente de rango.

Les preguntó: "¿Cuál es vuestro juicio, con qué esposa debo pasar todos mis días: con aquella, que me vendió, o con ésta, que me compró?"

. . .

Todos los boyardos y príncipes y gente de diversos rangos decidieron con una sola voz que se llevara al que lo había comprado, y que el que lo había vendido fuera colgado en las puertas y fusilado. Y eso es lo que hizo Finist, el halcón brillante, de plumas enjoyadas.

6

Ir no sé dónde, llevar no sé qué

En cierto estado vivía un rey que era soltero, y tenía toda una compañía de mosqueteros. Los mosqueteros salían de caza, cazaban aves migratorias y abastecían la mesa del gobernante. En esa compañía servía un joven mosquetero de gran calidad llamado Fedot. Tenía un ojo agudo para disparar a la caza: era casi como si nunca fallara, y por eso el rey le quería más que a todos sus compañeros.

Una vez salió a cazar muy temprano, al amanecer. Se adentró en un bosque oscuro y espeso y vio una paloma de luto posada en un árbol. Fedot sacó su arma, apuntó, disparó y rompió el ala del ave. El pájaro cayó de la rama a la tierra húmeda. El mosquetero recogió el pájaro, estuvo a punto de arrancarle la cabeza y lo metió en su saco.

La paloma de luto le habló.

· · ·

"Ah, joven mosquetero, no me arranques la cabeza salvaje, no me separes del mundo blanco. Mejor tómame vivo, llévame a tu casa, ponme en el alféizar de la ventana y observa. En el momento en que empiece a quedarme dormido, en ese mismo momento mueve tu mano derecha y golpéame, y te ganarás una gran felicidad".

El mosquetero se sorprendió enormemente. "¿Qué es esto?", pensó. "¡Parece un pájaro, pero habla con voz humana!

Nunca había visto algo así..."

Se llevó el pájaro a casa, lo puso en el alféizar de la ventana y se quedó esperando. Pasó un rato, la paloma de luto metió la cabeza bajo el ala y se adormeció. El mosquetero levantó su mano derecha, la balanceó y golpeó ligeramente al pájaro. La paloma de luto cayó al suelo y se convirtió en una hermosa muchacha, tan hermosa que no se podía imaginar, ni adivinar, sino sólo contarla en un cuento de hadas. ¡No había otra belleza en el mundo que la igualara!

Ella le dijo al buen joven, el mosquetero del rey: "Has sido capaz de atraparme, así que ahora piensa en cómo vivir conmigo. Tú serás mi prometido, y yo tu esposa, como Dios manda". Y así lo acordaron. Fedot se casó y vivió bien. Se divertía con su joven esposa, pero no olvidaba sus deberes.

. . .

Todas las mañanas, antes de que saliera el sol, cogía su arma, iba al bosque, disparaba a todo tipo de caza y la llevaba a la cocina del rey.

Su mujer vio que estaba agotado por la caza y le dijo: "Escucha, amigo mío, lo siento por ti. Todos los días te metes en líos, vagas por el bosque y los pantanos, siempre vuelves a casa empapado, pero no ganamos nada con ello.

¡Qué clase de comercio es ese! Conozco algo aquí que no te dejará sin ganancia. Hazte con cien o doscientos rublos, y arreglaremos todo el negocio". Fedot corrió hacia sus camaradas. Pidió prestado un rublo a uno, dos rublos a otro, y reunió exactamente doscientos rublos. Se los llevó a su mujer. "Bien", le dijo ella, "ahora compra todo tipo de seda con esos doscientos rublos". El mosquetero compró doscientos rublos de seda. Ella lo tomó y le dijo: "No te preocupes, reza una oración y vete a la cama. La mañana es más sabia que la noche".

El marido se durmió y la mujer salió al porche. Abrió su libro de magia, y de repente aparecieron ante ella dos jóvenes desconocidos. Diles lo que quieras. "Toma esta seda de aquí y en una sola hora hazme una alfombra, y tan maravillosa que su semejante no se ha visto en todo el mundo. Que todo el reino esté bordado en la alfombra, con ciudades, y con pueblos, y con ríos, y con lagos".

. . .

Se pusieron a trabajar y no sólo en una hora, sino que en diez minutos habían terminado una alfombra para maravillar a todos. Se la entregaron a la mujer del mosquetero y desaparecieron en un abrir y cerrar de ojos, ¡como si nunca hubieran estado allí!

Por la mañana le entregó la alfombra a su marido. "Toma", le dijo. "Lleva esto al bazar y véndelo a los mercaderes, pero escucha: no fijes tu propio precio, sino acepta lo que te ofrezcan".

Fedot cogió la alfombra, la desenrolló, se la colgó del brazo y se dirigió a las filas de los comerciantes. Un comerciante la vio, se acercó corriendo y preguntó: "¡Escuche, honorable señor! ¿Vende usted esto?"

"Lo estoy vendiendo".

"¿Y cuánto cuesta?"

"Eres un comerciante, tú pones el precio".

El mercader pensó y pensó, pero no pudo ponerle precio a la alfombra, ¡en absoluto!

. . .

Otro mercader se levantó, un tercero después de él, un cuarto... y se reunió una gran multitud de ellos, mirando la alfombra, maravillados, pero no podían ponerle precio.

Mientras tanto, el comandante de la corte pasaba por delante de la fila de comerciantes cuando vio a la multitud y se preguntó de qué hablaban los mercaderes. Se bajó de su carro, se acercó y dijo: "¡Hola, comerciantes y mercaderes, invitados de ultramar! ¿De qué estáis hablando?"

"Es así, no podemos ponerle precio a la alfombra".

El comandante miró la alfombra y él mismo comenzó a maravillarse.

"Escucha, mosquetero", dijo. "Dime la verdad, ¿de dónde has sacado una alfombra tan maravillosa?"

"Mi esposa lo bordó".

"¿Qué pides por él?"

"Yo mismo no sé el precio. Mi mujer me ha ordenado que no regatee, pero lo que me ofrezcan, lo aceptaremos".

"¡Bueno, aquí hay diez mil para ti!"

El mosquetero tomó el dinero y entregó la alfombra. Pero aquel comandante siempre estaba cerca del rey, bebía y comía en su mesa. Así que se fue a cenar a casa del rey y se llevó la alfombra. "¿Le gustaría a su majestad ver la maravillosa alfombra que he comprado hoy?"

El rey echó un vistazo: vio todo su reino, como en la palma de su mano, y ¡jadeó! "¡Eso sí que es una alfombra! No he visto nada tan astuto en mi vida. Bueno, comandante, pida lo que quiera, pero no le devolveré la alfombra". Aquí el rey sacó veinticinco mil y se los dio, de mano en mano, pero colgó la alfombra en su palacio.

"Está bien", pensó el comandante. "Pediré otro para mí, uno aún mejor".

Cabalgó hasta la casa del mosquetero, buscó su casa, entró en la habitación principal, y en el momento en que vio a la mujer del mosquetero, en ese momento se olvidó de sí mismo y de sus asuntos. Ni él mismo sabía por qué había venido. Allí, ante él, se encontraba una belleza tal que podría haberla mirado durante cien años sin apartar la vista.

. . .

Miró a la mujer del otro hombre, y en su cabeza pensó una y otra vez: "¿Quién ha visto, quién ha oído hablar de que un simple soldado tenga en su poder semejante tesoro? Aunque sirva al mismísimo rey y tenga el rango de general, ¡nunca he visto una belleza semejante!"

El general apenas pudo obligarse a entrar en razón, y volvió a su casa contra su voluntad. Desde aquel momento, desde aquella hora, estaba fuera de sí. Dormido o despierto, sólo podía pensar en la espléndida esposa del mosquetero.

Cuando comía no podía saciarse, y cuando bebía no podía saciarse, ¡su imagen se le aparecía continuamente!

El rey se dio cuenta y le preguntó: "¿Qué te ha pasado? ¿Es algún tipo de pena?".

"¡Ah, su alteza! He visto a la mujer del mosquetero. No hay otra belleza semejante en el mundo. No dejo de pensar en ella: No puedo satisfacerme con la comida y la bebida, no puedo deleitarme con ningún tipo de alimento!"

El rey sintió el deseo de admirarla él mismo. Ordenó que se preparara su carruaje y se dirigió a la parte de la ciudad donde se encontraban los mosqueteros. Entró en la sala principal y vio una belleza indescriptible.

No importaba quién la mirara, un anciano o un joven, todos se enamoraban perdidamente. La fiebre de su corazón lo aplastó. "¿Qué?", pensó para sí mismo. "¿Por qué ando por ahí soltero? Me gustaría casarme con esta belleza; ¿por qué debería ser la esposa de un mosquetero? Estaba destinada desde su nacimiento a ser una reina".

El rey volvió a su palacio y dijo al comandante: "¡Escucha! Has sabido mostrarme a la mujer del mosquetero, una belleza inimaginable. Ahora imagina cómo deshacerte de su marido. Yo mismo quiero casarme con ella. . . Y si no te deshaces de él, la culpa será tuya. Aunque seas mi fiel servidor, ¡te colgarás en la horca!"

El comandante salió, aún más apenado que antes. No supo cómo deshacerse del mosquetero.

Caminó por solares vacíos, callejones, y se encontró con una Baba Yaga. "¡Detente, siervo del rey! Conozco todos tus pensamientos. ¿Quieres que te ayude en tu ineludible dolor?"

"¡Ayúdame, abuela! Te pagaré lo que quieras".

"El rey te ha dado la orden de que te deshagas del mosquetero Fedot.

Eso no sería gran cosa, él mismo es sencillo, ¡pero su esposa es terriblemente astuta! Aun así, le propondremos una tarea tal que no será capaz de manejarla rápidamente. Vuelve con el rey y dile lo siguiente: sobre tres-nueve tierras, en la tres-décima hay una isla. En esa isla camina un ciervo con cuernos de oro. Que el rey reúna a cincuenta marineros -los más inútiles, borrachos sin remedio- y que ordene que se prepare para la búsqueda un viejo y podrido barco que se considera retirado desde hace treinta años. Que envíe al mosquetero Fedot en ese barco para conseguir el ciervo Cuernos de Oro. Para llegar a la isla, tendrá que navegar ni mucho ni poco: tres años, y luego tres años de vuelta de la isla: seis años en total. Cuando el barco se haga a la mar, servirá durante un mes, y luego se hundirá. El mosquetero, los marineros... ¡Todos se irán al fondo!"

El comandante escuchó estas palabras, agradeció a Baba Yaga su consejo, la recompensó con oro y corrió hacia el rey.

"Su alteza", dijo, "es así, y así: seguro que podemos librarnos del mosquetero".

El rey estuvo de acuerdo con el plan, y dio la orden a su armada de inmediato: preparar para la búsqueda un barco viejo y podrido, cargarlo con provisiones para seis años y encontrar una tripulación de cincuenta marineros: los más libertinos y amargados borrachos.

Los heraldos recorrieron todas las tabernas y reunieron a tales marineros que daba gusto verlos: uno tenía dos ojos negros, otro tenía la nariz perforada de lado. En cuanto informaron al rey de que el barco estaba listo, en ese momento ordenó al mosquetero que acudiera a él.

"Bueno, Fedot, eres un buen joven, el mejor mosquetero de la compañía. Hazme este favor: navega por tres veces nueve tierras, y en el tres veces décimo reino hay una isla. En esa isla camina el ciervo Cuernos de Oro. Atrápalo vivo y tráelo aquí". El mosquetero se lo pensó. Ni siquiera sabía qué responder. "Piensa o no pienses", dijo el rey, "pero si no haces esta hazaña, ¡mi espada te arrancará la cabeza de los hombros!".

Fedot se volvió hacia la izquierda y salió del palacio. Esa noche llegó a casa muy apenado, no quería decir ni una palabra. Su esposa le preguntó: "¿Por qué estás triste, querido? ¿Ha ocurrido algo malo?"

Le contó todo al completo.

"¿Así que estás afligido por eso? ¡No me extraña! ¡Es un gran servicio, no uno pequeño! Reza una oración y vete a dormir. La mañana es más sabia que la noche: todo se hará".

. . .

El mosquetero se acostó y se quedó dormido, y su mujer abrió su libro de magia. De repente aparecieron ante ella dos jóvenes desconocidos. "¿Qué necesitas, qué deseas?"

"Atraviesa tres veces nueve tierras, hasta el tres veces décimo reino, hasta la isla, atrapa al ciervo Cuernos de Oro y tráelo aquí".

"¡Obedecemos! Al amanecer todo estará hecho".

Volaron como un torbellino hasta aquella isla, atraparon al ciervo Cuernos de Oro y lo llevaron directamente al patio del mosquetero. Una hora antes del amanecer habían realizado toda la hazaña y desaparecieron, como si nunca hubieran estado allí.

La bella esposa del mosquetero despertó a su marido muy temprano y le dijo: "Ve y mira, el ciervo Cuernos de Oro se pasea por tu patio. Llévalo en el barco contigo, navega durante cinco días y al sexto día regresa". El mosquetero metió al ciervo en una gruesa jaula cerrada y lo subió al barco. "¿Qué es esto?", preguntaron los marineros.

"Todo tipo de provisiones y comida. El camino es largo, ¡es probable que necesitemos todo tipo de cosas!".

. . .

Cuando llegó el momento de que el barco abandonara el muelle, mucha gente acudió a verlo partir. El rey en persona vino, se despidió de Fedot y lo nombró comandante de todos los marineros. Durante cinco días el barco navegó por el mar; ya estaban lejos de la costa. Fedot, el mosquetero, ordenó que se echara sobre la cubierta un tonel de vino de cuarenta cubos y dijo a los marineros: "¡Bebed, muchachos! No os escatiméis: ¡el alma es vuestra medida!".

Y ellos se alegraron de ello: se apresuraron a acercarse al barril y comenzaron a beber el vino, bebiendo tanto que se desplomaron y se quedaron profundamente dormidos allí mismo, junto al barril. El mosquetero cogió la rueda del timón, hizo girar el barco y volvió a navegar. Para que los marineros no se dieran cuenta, los mantuvo llenos de vino desde la mañana hasta la noche. En el momento en que abrieran los párpados de una juerga, un nuevo barril estaría listo -buena razón para tomar un pelo del perro que los mordió.

Exactamente el undécimo día, el barco atracó en el muelle, izó su bandera y comenzó a disparar sus cañones. El rey oyó los disparos, se enfadó y se abalanzó sobre Fedot con toda la severidad posible. "¿Cómo te atreves a volver antes de que se cumpla el plazo?"

"Pero, ¿a dónde se supone que iba a ir, su alteza?

. . .

Tal vez algunos tontos navegarían durante diez años sin hacer nada sensato, pero en lugar de diez años sólo tardamos diez días en hacer el viaje y realizar la hazaña.

¿No te gustaría echar un vistazo al ciervo Cuernos de Oro?"

Inmediatamente sacaron la jaula del barco y dejaron salir al ciervo de cuernos dorados. El rey vio que el mosquetero tenía razón; ¡no se le podía reprochar nada! Le permitió volver a casa, pero dio libertad a los marineros que habían viajado con él durante seis años. Nadie podía atreverse a pedirles que vinieran a servir, por la misma razón de que ya habían servido esos años.

Al día siguiente, el rey convocó al comandante y fue a por él con amenazas. "¿Por qué has permitido esto?", le dijo. "¿O me estás gastando una broma? Parece que tu propia cabeza no te importa. Haz lo que puedas, pero encuentra la manera de enviar a Fedot el mosquetero a una muerte malvada".

"¡Su majestad real! Permítame pensar. Tal vez esto pueda ser remediado".

El comandante se puso en marcha a través de solares y callejones vacíos, y vio que la Baba Yaga venía a su encuentro.

"¡Detente, siervo del rey! Conozco tus pensamientos; ¿quieres que alivie tu pena?"

"¡Tranquila, abuela! Porque el mosquetero ha vuelto y ha traído el ciervo Cuernos de Oro".

"¡Oh, ya me he enterado! Él mismo es un hombre sencillo. No sería difícil sacarle provecho, ¡como si oliera una pizca de rapé! Pero su esposa es muy astuta. Bueno, le asignaremos otra tarea, una que no podrá manejar tan rápidamente. Ve al rey y dile que envíe al mosquetero a no sé dónde, para que traiga no sé qué. No podrá completar esta tarea en toda la eternidad. O desaparecerá sin dejar rastro o volverá con las manos vacías".

El comandante recompensó a Baba Yaga con oro y corrió hacia el rey.

El rey le escuchó y ordenó que le trajeran al mosquetero. "¡Bien, Fedot! Eres un buen muchacho, el primer mosquetero de la compañía. Me has hecho un servicio: has conseguido el ciervo Cuernos de Oro. Ahora hazme otro servicio: ve no sé dónde y trae no sé qué. Pero recuerda que si no lo traes, mi espada te arrancará la cabeza de los hombros".

. . .

El mosquetero dio la vuelta a la izquierda y abandonó el palacio. Llegó a casa apenado y pensativo. Su esposa le preguntó: "¿Por qué, querido, estás afligido? ¿Ha ocurrido otra desgracia?"

"Eh", dijo, "me he sacudido un trozo de mala suerte del cuello, pero me ha caído otro. El rey me envía no sé a dónde, y me ordena traer no sé qué. Por culpa de tu hermosura tengo que soportar toda clase de desgracias".

"¡Sí, este servicio no es pequeño! Para llegar allí, tendrás que viajar durante nueve años, y nueve años de vuelta, en total dieciocho años. ¡Y sólo Dios sabe si te servirá de algo!"
"¿Qué puedo hacer, cómo debo actuar?"

"Reza una oración y vete a dormir. La mañana es más sabia que la noche. Mañana te enterarás de todo".

El mosquetero se acostó a dormir, y su mujer esperó a que cayera la noche, abrió su libro de magia, y al instante los dos muchachos aparecieron ante ella. "¿Qué deseas, qué necesitas?"

"¿Por casualidad sabes cómo ir a no sé dónde, para traer no sé qué?"

. . .

"¡No, no lo hacemos!"

Cerró el libro y los muchachos desaparecieron ante sus ojos.

Por la mañana, la mujer del mosquetero despertó a su marido. "Ve a ver al rey y pídele un tesoro de oro para el camino. Después de todo, tendrás que vagar durante dieciocho años. Cuando tengas el dinero, ven a despedirte de mí".

El mosquetero visitó al rey, sacó un saco entero de oro del tesoro y volvió para despedirse de su mujer. Ella le dio un trozo de tela y una pelota. "Cuando salgas de la ciudad, lanza esta pelota delante de ti. Dondequiera que ruede, camina en esa dirección. Y aquí tienes una obra mía para ti. Estés donde estés, siempre que vayas a lavarte, sécate la cara con este paño".

El mosquetero se despidió de su mujer y de sus camaradas, hizo una reverencia en las cuatro direcciones y partió hacia las afueras de la ciudad. Lanzó la bola delante de él. La bola rodó y rodó, y él la siguió.

Al cabo de un mes, el rey llamó al comandante y le dijo: "El mosquetero se ha propuesto arrastrar durante dieciocho años el mundo blanco, y todo indica que no seguirá vivo.

Después de todo, dieciocho años no son dos semanas. En el camino pueden ocurrir todo tipo de cosas. Lleva mucho dinero. Tal vez los ladrones caigan sobre él, le roben y lo sometan a una muerte maligna. Parece que ahora puedo empezar con su esposa. Toma mi carruaje, conduce a la parte de los mosqueteros de la ciudad, y tráela aquí al palacio".

El comandante se dirigió a la parte de la ciudad de los mosqueteros, llegó a la casa de la bella esposa del mosquetero, entró en la casa y dijo: "Hola, mujer inteligente. El rey ha ordenado que te presentes en palacio".

Llegó al palacio. El rey la recibió con alegría, la condujo a unas cámaras doradas y le dijo estas palabras "¿Te gustaría ser la reina? Me casaré contigo".

"¡Dónde se ve, dónde se oye, tratar de quitarle la esposa a un marido vivo! No importa quién sea, incluso un simple mosquetero, pero para mí es mi legítimo esposo".

"¡Si no vienes por tu propia voluntad, te llevaré por la fuerza!"

La belleza sonrió, golpeó el suelo, se convirtió en una paloma de luto y salió volando por la ventana.

El mosquetero pasó por muchas tierras y reinos, pero la bola siguió rodando. Cuando se encontraba con un río, allí la bola se lanzaba al otro lado como un puente. Cuando el mosquetero quería descansar, allí la bola se convertía en un lecho de plumas. Durante mucho tiempo, durante poco tiempo -rápido puede ser un cuento, pero no tan pronto una hazaña- el mosquetero llegó a un gran y hermoso palacio. La bola rodó hasta las puertas y desapareció.

Entonces, el mosquetero se paró y pensó: "¡Dejadme ir de frente!". Subió la escalera hacia las habitaciones, y allí se encontró con tres doncellas de indescriptible belleza. "¿De dónde vienes, joven, y por qué has venido de visita?"

"Ah, hermosas doncellas, no me dejasteis descansar después del largo viaje, sino que empezasteis a hacer preguntas. Si primero me dierais de comer y beber, y me acostarais a descansar, entonces podríais pedirme noticias". Enseguida pusieron la mesa, lo sentaron, le dieron de comer y de beber y lo acostaron.

El mosquetero durmió hasta la saciedad y se levantó del mullido lecho. Las bellas doncellas le trajeron agua y una toalla bordada. Se lavó con el agua del manantial, pero no cogió la toalla. "Tengo mi propio paño", dijo, "tengo algo para limpiarme la cara".

. . .

Sacó el paño y comenzó a limpiarse la cara. Las bellas doncellas le preguntaron: "¡Buen hombre! Dinos: ¿de dónde has sacado ese paño?".

"Mi esposa me lo regaló".

"¡Entonces debes estar casado con nuestra querida hermana!"

Llamaron a su anciana madre. En cuanto echó un vistazo a la tela, dijo enseguida: "¡Es obra de mi hija!". Empezó a preguntarle a su invitado por todo. Él le contó cómo se había casado con su hija y cómo el zar le había enviado no sé dónde, a traer no sé qué. "¡Ah, mi querido yerno! ¡Pero si ni siquiera yo he oído hablar de esa maravilla! Espera aquí, tal vez mis sirvientes lo sepan".

La anciana salió al porche, llamó en voz alta y, de repente -¿de dónde venían? -, toda clase de bestias corrieron y toda clase de pájaros vinieron volando. "¡Saludos, bestias del bosque y aves del aire! Vosotros, bestias, buscáis por todas partes, vosotros, pájaros, voláis por todas partes: ¿habéis oído cómo llegar a no sé dónde y traer no sé qué?"

Todas las bestias y los pájaros respondieron en una sola voz: "¡No, nunca hemos oído hablar de eso!".

La anciana los mandó de vuelta a sus propios lugares, en lugares cubiertos de maleza, en bosques, en arboledas. Volvió a la sala principal, sacó su libro de magia, lo abrió y enseguida se le aparecieron dos gigantes. "¿Qué deseas, qué necesitas?".

"¡Esto es lo que hay, mis fieles servidores! Llevadme junto a mi yerno al ancho océano-mar y poneos exactamente en el centro, en la misma superficie de las olas".

Inmediatamente recogieron al mosquetero y a la anciana, se los llevaron como si fueran inquietos torbellinos hacia el ancho océano-mar, y se detuvieron en el centro, en la misma superficie de las olas. Ellos mismos se erigieron como pilares, y sostuvieron al mosquetero y a la anciana en sus brazos.

La anciana llamó con una voz fuerte, y todos los monstruos y peces del mar nadaron hacia ella: ¡estaban repletos! Sus cuerpos ocultaban el mar azul.

"¡Salve, monstruos y peces del mar! Nadáis por todas partes, visitáis todas las islas. ¿Habéis oído cómo ir a no sé dónde, y traer de vuelta no sé qué?"

Todos los monstruos y peces respondieron en una sola voz: "¡No! ¡Nunca hemos oído hablar de eso!"

De repente, una vieja rana coja, que llevaba ya treinta años viviendo retirada, se abrió paso y dijo: "¡Kva-kva! Sé dónde encontrar semejante maravilla".

"Bueno, querida, tú eres la que necesito", dijo la anciana. Cogió la rana y ordenó a los gigantes que la llevaran a ella y a su yerno de vuelta a casa. En un momento se encontraron de nuevo en el palacio. La anciana comenzó a hacer preguntas a la rana. "¿Cómo y por qué camino debe ir mi yerno?"

La rana respondió: "Este lugar está en el borde del mundo, ¡muy, muy lejos! Yo mismo iría, pero ya soy muy viejo. Apenas puedo mover las piernas, no podría saltar hasta allí ni aunque tuviera cincuenta años". La anciana trajo una gran jarra, la llenó de leche fresca, puso la rana en ella y se la dio a su yerno. "Lleva esta jarra", le dijo, "y deja que la rana te muestre el camino". El mosquetero cogió el tarro con la rana, se despidió de la anciana y de sus hijas y se puso en camino. Caminó y la rana le indicó el camino a seguir.

De cerca o de lejos, de largo o de corto, llegó a un río ardiente. Más allá de ese río se encontraba una alta montaña, y se podía ver una puerta hacia el interior de la montaña. "¡Kva-kva!", dijo la rana. "Déjame salir del frasco; tenemos que cruzar el río". El mosquetero la sacó del frasco y la puso en el suelo. "¡Bueno, jovencito! Siéntate sobre mí, y no sientas pena. No podrás aplastarme".

El mosquetero se sentó sobre la rana y la aplastó contra la tierra.

La rana empezó a hincharse. Resopló y resopló hasta que fue tan grande como un pajar. Todo lo que el mosquetero podía pensar era cómo evitar caerse. "¡Si me caigo, moriré aplastado!"

La rana se hinchó y dio tal salto que atravesó de un salto el río ardiente, y luego volvió a hacerse pequeña. "Ahora, buen muchacho, entra por esa puerta, y yo te esperaré aquí.

Entrarás en una cueva y te esconderás bien allí. Al cabo de un rato entrarán dos ancianos. Escucha lo que dicen y haz, y cuando se vayan haz lo mismo".

El mosquetero subió a la montaña, abrió la puerta y la cueva estaba terriblemente oscura, como si se hubiera sacado los ojos. Caminó agachado y empezó a tantear con las manos. Sintió un espacio vacío, se sentó en él y se escondió. Un poco más tarde llegaron dos ancianos y dijeron: "¡Eh, Shmat-Razum! Danos algo de comer".

En ese mismo momento -¡de la nada! -los candelabros empezaron a arder, los platos y la vajilla se agitaron, y todo tipo de vino y comida apareció en la mesa.

Los ancianos comieron y bebieron hasta saciarse y luego ordenaron: "¡Eh, Shmat- Razum! Recoge todo".

De repente, todo desapareció -la mesa, los vinos, la comida- y los candelabros se apagaron.

El mosquetero oyó salir a los dos ancianos, salió del armario y gritó: "¡Eh, Shmat-Razum!".

"¿Qué deseas?"

"¡Aliméntame!" De nuevo aparecieron los candelabros encendidos, y la mesa cargada, y todo tipo de bebidas y alimentos.

El mosquetero se sentó a la mesa y dijo: "¡Eh, Shmat-Razum! Siéntate conmigo, hermano, comamos y bebamos juntos, es aburrido estar solo". Una voz invisible respondió: "¡Ah, buen hombre! ¿De dónde te ha traído Dios? Llevo casi treinta años sirviendo a los dos ancianos en la fe y la verdad, y en todo ese tiempo nunca me han pedido que me siente con ellos."

El mosquetero echó un vistazo y se sorprendió.

. . .

No podía ver a nadie, pero era como si alguien estuviera barriendo la comida de los platos con una pequeña escoba, y las botellas de vino se levantaban, se vertían en las copas y, mira, ¡ya estaban vacías! El mosquetero comió y bebió hasta saciarse y dijo: "¡Escucha, Shmat-Razum! ¿Quieres servirme? Tengo una buena vida".

"¡Por qué no iba a querer! Me he aburrido aquí durante mucho tiempo, y puedo ver que eres un buen hombre".

"¡Bueno, recoge todo y ven conmigo!"

El mosquetero salió de la cueva, miró hacia atrás y no había nada... "¡Smat-Razum! ¿Estás aquí?"

"¡Aquí! No temas, no me quedaré atrás".

"¡Muy bien!", dijo el mosquetero y se sentó sobre la rana. La rana se hinchó y saltó al otro lado del río ardiente. El mosquetero la volvió a meter en el frasco y emprendió el viaje de vuelta.

Volvió con su suegra e hizo que su nuevo criado diera un buen trato a la anciana y a sus hijas. Shmat-Razum les hizo pasar un rato tan agradable que la anciana casi se puso a bailar de alegría, y la rana, como recompensa por su fiel servicio, debía recibir tres jarras de leche cada día.

El mosquetero se despidió de su suegra y partió hacia su casa. Caminó y caminó y se cansó mucho; sus veloces pies estaban cansados y sus blancos brazos caídos. "Eh", dijo. "¡Shmat-Razum! Si supieras lo cansado que estoy. Tengo las piernas paralizadas".

"¿Por qué no lo dijiste hace tiempo? Te habría llevado allí en un abrir y cerrar de ojos".

Inmediatamente levantó al mosquetero como un inquieto torbellino y lo llevó por el aire tan rápido que se le cayó el sombrero. "¡Lo habéis cogido demasiado tarde, mi señor!

Ahora vuestro sombrero está a cinco mil vyorsts de distancia". Ciudades y pueblos, ríos y bosques parpadeaban ante sus ojos...

El mosquetero volaba sobre un mar profundo, y Shmat-Razum le dijo: "¿Quieres que construya un pabellón de oro en este mar? Podrías descansar y tener buena suerte".

. . .

"¡Muy bien, hazlo!", dijo el mosquetero, y comenzó a hundirse hacia el mar. En el lugar donde las olas se habían levantado un minuto antes, apareció una pequeña isla, y en ella un pabellón dorado. Shmat-Razum dijo al mosquetero: "Siéntate en el pabellón, descansa y observa el mar. Pasarán tres barcos mercantes y anclarán junto a la isla. Invita a los mercaderes a entrar, trátalos como invitados y cámbiame por las tres maravillas que los mercaderes llevan consigo. Volveré a ti en mi momento".

El mosquetero observó, y vio tres barcos navegando desde el oeste.

Los marineros vieron la isla y el pabellón dorado. "¡Qué maravilla!", dijeron. "¡Cuántas veces hemos navegado por aquí y no había más que agua, pero ahora mira aquí! Ha aparecido un pabellón de oro. Anclemos en la orilla, hermanos, echemos un vistazo y admiremos". En seguida detuvieron el rumbo de los barcos y echaron las anclas. Los tres capitanes mercantes subieron a una barca ligera y navegaron hasta la isla. "¡Hola, buen hombre!" "¡Hola, mercaderes de tierras extranjeras! Bienvenidos; por favor, dad un paseo, disfrutad, recuperad el aliento. El pabellón está construido expresamente para los huéspedes de paso".

Los mercaderes entraron en el pabellón y se sentaron en un banco. "¡Eh, Shmat-Razum!", gritó el mosquetero, "danos algo de comer y beber".

Apareció una mesa, sobre la mesa vinos y platos, todo lo que el alma pudiera desear; ¡todo listo en un momento!

Los mercaderes se quedaron boquiabiertos. "¡Comerciemos!", dijeron. "Ustedes nos dan su sirviente, y por eso toman cualquier maravilla que tengamos".

"¿Pero qué tipo de maravillas tienes?"

"¡Echa un vistazo, ya verás!"

Uno de los mercaderes sacó una cajita de su bolsillo, y en el momento en que la abrió creció inmediatamente un maravilloso jardín, con flores y con caminos, pero cuando cerró la cajita el jardín desapareció. El segundo mercader sacó un hacha de debajo del dobladillo de su abrigo y empezó a cortar. Cortar y cortar: ¡había hecho un barco! Corta y corta: ¡otro barco! Cortó cien veces e hizo cien barcos, con velas, con cañones y con marineros. Los barcos navegaban: disparaban sus cañones, y pedían al mercader sus órdenes...

Cuando se hartó de la diversión, escondió su hacha y los barcos desaparecieron, como si nunca hubieran estado allí.

. . .

El tercer mercader cogió un cuerno, sopló en un extremo, y de pronto apareció un ejército, de infantería y de caballería, con fusiles, con cañones, con estandartes.

Todos los regimientos enviaron mensajeros al comerciante, y éste les dio órdenes.

Los regimientos marcharon, la música tronó, los estandartes se desplegaron... Cuando el comerciante se hartó de divertirse, cogió su trompeta, sopló en el otro extremo y no había nada; ¿a dónde habían ido a parar todas las fuerzas?

"¡Tus maravillas están muy bien, pero yo no las necesito!", dijo el mosquetero.

"Los ejércitos y los barcos son asuntos de los zares, y yo soy un simple soldado. Si quieres comerciar conmigo, dame las tres maravillas por mi único siervo invisible".

"¿No será demasiado?"

"Bueno, como prefieras; de lo contrario, ¡no voy a comerciar!"

. . .

Los mercaderes pensaron: "¿De qué nos sirve ese jardín, esos regimientos y barcos de guerra? Mejor comerciar; al menos nos alimentaremos y beberemos sin ningún esfuerzo". Le dieron al mosquetero sus maravillas y le dijeron: "¡Eh, Shmat-Razum! Te llevamos con nosotros; ¿nos servirás con fe y verdad?"

"¿Por qué no debería servirte? Me da igual con quién viva".

Los mercaderes volvieron a sus barcos y empezaron a agasajar a todos los marineros con comida y bebida.

"¡Bueno, entonces, Shmat-Razum, agita tus muñones!"

Todos bebieron hasta emborracharse y se quedaron profundamente dormidos. Pero el mosquetero se sentó en su pabellón de oro, se puso a pensar y dijo: "¡Ah, qué pena! ¿Dónde está ahora mi fiel servidor Shmat-Razum?"

"¡Estoy aquí, señor!"

El mosquetero estaba encantado. "¿No es hora de que volvamos a casa?"

. . .

Apenas lo dijo, fue recogido por un inquieto torbellino y llevado por el aire.

Los mercaderes se despertaron y quisieron beber un poco más. "¡Eh, Shmat-Razum, danos algo para la resaca!" Nadie respondió: nadie les servía. Por mucho que gritaran, por mucho que dieran órdenes, era inútil. "¡Bueno, señores! Ese estafador nos ha engañado. ¡Ahora sólo el diablo lo encontrará! La isla ha desaparecido, y el pabellón dorado también". Los mercaderes se afligieron y lamentaron durante un rato, izaron las velas y partieron hacia donde se suponía que iban.

El mosquetero voló rápidamente a su tierra y descendió junto al mar azul en un lugar desierto. "¡Oye, Shmat-Razum! ¿No podríamos construir un palacio aquí?"

"¿Por qué no? Estará listo enseguida".

En un abrir y cerrar de ojos apareció un palacio tan delicioso que no se puede describir, dos veces mejor que el del rey. El mosquetero abrió la cajita, y alrededor del palacio apareció un jardín con árboles y flores raras. El mosquetero se sentó en la ventana abierta y admiró su jardín. De repente, una paloma de luto entró volando por la ventana, golpeó el suelo y se convirtió en su joven esposa.

. . .

Se abrazaron, se saludaron y empezaron a hacerse preguntas, a contarse todo. La esposa le dijo al mosquetero: "Desde el mismo momento en que te fuiste de casa, todo ese tiempo he estado volando por los bosques y arboledas como una paloma de luto solitaria".

A la mañana siguiente, el rey salió a su balcón, miró hacia el mar azul y vio que un nuevo palacio se levantaba en la misma orilla del mar, y alrededor del palacio un verde jardín. "¿A qué ignorante se le ocurrió construir en mis tierras sin permiso?"

Los mensajeros fueron corriendo, se enteraron de todo, e informaron que el palacio había sido construido por el mosquetero, y que él mismo vivía en él con su esposa a su lado. El rey se enfureció aún más y ordenó que se reuniera un ejército y se enviara a la orilla, para arrasar el jardín hasta sus cimientos, romper el palacio en pedacitos y dar una muerte cruel al propio mosquetero y a su mujer. El mosquetero observó que el fuerte ejército del rey marchaba hacia él, y rápidamente agarró el hacha.

Corta y pica, ¡y sale un barco! Cortó cien veces e hizo cien barcos. Luego sacó el cuerno, sopló una vez y la infantería salió de él; sopló dos veces y salió la caballería.

. . .

Los comandantes de los regimientos vinieron corriendo hacia él, y los barcos esperaban sus órdenes. El mosquetero les ordenó entrar en la batalla.

En seguida empezó a sonar la música, tocaron los tambores y los regimientos se pusieron en marcha. La infantería aplastó a los soldados del rey; la caballería los persiguió el resto del camino, los hizo prisioneros, y los cañones de los barcos hicieron llover fuego sobre la capital. El rey vio que su ejército se escapaba; quiso precipitarse y detenerlo, pero ¿cómo podría hacerlo? Antes de que pasara media hora, él mismo fue asesinado.

Cuando terminó la batalla, el pueblo se reunió y pidió al mosquetero que tomara todo el reino en sus manos. Él aceptó y se convirtió en el rey, y su esposa en la reina.

7

Ivanushka

Había una señora, y tenía un hijo, Ivanushka. Se subió a un barquito y salió a navegar. Navegó y navegó. La señora llegó a la orilla. "¡Ivanushka! Navega hacia mí, te he traído algo de comer y beber". Él se acercó navegando. Ella le dio algo de comer y beber, y le mandó a navegar un poco más.

Vino Baba Yaga. "¡Ivanushka! Acércate a mí, ¡te he traído algo de comer y beber!"

Ivanushka oyó que no era la voz de su madre, y no se acercó a ella. Entonces la Baba Yaga corrió hacia la herrería. "¡Herrero, herrero! ¡Fórjame una voz como la de la madre de Ivanushka!" Así que le forjó una voz, y ella corrió hasta la orilla. "¡Ivanushka! Navega hacia mí, ¡te he traído algo de comer y beber!" Oyó la voz de su madre y se acercó navegando. Baba Yaga lo agarró y lo arrastró.

. . .

La señora se dio cuenta de que Ivanushka había desaparecido. Envió a su criada a buscarlo. La criada caminó y caminó. Llegó a un palacio, y allí vio a una niña sentada en el prado, dando vueltas y jugando con un niño. El niño tenía un platillo de oro, y en ese platillo había un huevo de oro. "¡Hermosa doncella! ¿Sabes por casualidad dónde puedo encontrar a mi hijo? Mi señora me echará si no lo encuentro".

Ella dijo: "Siéntate, hila un poco de mi lino para mí, y yo iré a traerte un ovillo de hilo. Dondequiera que ruede ese ovillo de hilo, síguelo".

Ella le dijo a esta chica: "Eh, ¿cómo voy a tener tiempo para trabajar, querida? Tengo que ir, tengo que encontrar al niño. Dime, querida, ¿dónde puedo encontrarlo?"

"Bueno", dijo, "vete. No sé dónde está tu hijo".

Así que caminó y caminó y llegó a otro palacio, donde vio a una niña sentada. Ella estaba enrollando el hilo hilado, jugando con un niño pequeño, y el niño tenía una manzana de oro con un huevo de oro. "Hermosa doncella, ¿sabes por casualidad dónde puedo encontrar a mi hijo?"

. . .

"Siéntate", dijo, "enrolla mi hilo, y yo iré a traerte un ovillo de hilo. Dondequiera que el ovillo ruede, debes seguirlo".

La doncella le dijo: "Eh, querida, ¿tengo tiempo para trabajar? Tengo que ir a buscar al niño. Dime, querida, dónde debo encontrarlo". "Bien", respondió ella, "vete. No sé dónde está tu hijo".

Siguió avanzando y llegó al bosque. Una casita estaba allí con patas de pollo, sobre tacones de lanzadera. Ella le dijo a esta casa: "¡Casita, casita! Ponte de espaldas al bosque y de frente a mí". La casa se dio la vuelta. Ella se metió en ella y rezó una oración a Dios.

Baba Yaga se giró hacia su otro lado. "¡Caramba, caramba, caramba! Huele a ruso!", dijo. "¡Antes no había ni vista ni olor del espíritu ruso, pero ahora el espíritu ruso rueda ante mis ojos! ¿Qué haces, hermosa doncella, huyendo de una hazaña o intentando una hazaña?" "No, abuelita", dijo ella, "andaba y andaba, me dejé caer por aquí para entrar en calor".

"Bueno, entonces, siéntate junto a mi cabeza y busca pólvora en ella".

. . .

La muchacha consiguió un poco de brea en un pequeño trozo de cerámica, lo puso en la estufa, preparó algunos trozos de algodón y se sentó a buscar en la cabeza de Baba Yaga. Buscaba y repetía: "¡Duerme, ojito, duerme, segundo ojito! Si no te duermes, te echaré brea, ¡te taparé con algodón!". Lo siguió repitiendo hasta que Baba Yaga se quedó dormida. Cuando se durmió, la niña le echó brea en los ojos y se los tapó con bolas de algodón. Cogió al niño y se fue corriendo con él.

Corrió hacia la primera chica y le dijo: "Hermosa doncella, escóndeme o Baba Yaga me comerá".

"No", dijo ella. "¡No querías enrollar mi hilo!"

Siguió corriendo. Pero mientras tanto el gato empezó a ronronear, y Baba Yaga se despertó y se dio cuenta de que el niño había desaparecido. La persiguió, corrió hasta el palacio y le preguntó a la doncella: "Dime, ¿ha pasado por aquí una bella doncella con un niño?".

"¡Se fue justo en este momento!"

Baba Yaga corrió y persiguió a la niña. Le arrebató al pequeño y la hizo pedazos.

. . .

La señora esperó mucho tiempo, pero no llegó nadie a casa. Tuvo que enviar a otra chica. Lo mismo le ocurrió a la segunda chica. Baba Yaga también la hizo pedazos.

Finalmente, la dama envió a una tercera muchacha. Llegó al palacio, vio a la muchacha y al niño y le preguntó: "Hermosa doncella, ¿sabes por casualidad dónde puedo encontrar a mi hijo?".

"Toma", dice, "hila esto y vigila al niño, y yo te traeré un ovillo de hilo. Debes dárselo a mi hermana".

La niña se sentó a hilar, y la otra fue a buscar el ovillo de hilo y se lo dio. "Bueno", dijo, "¡ya está!".

La niña llegó al siguiente palacio. Lo único que vio fue al niño de nuevo con la niña. "Aquí, bella doncella", dijo. "Tu hermana te envía sus saludos y un ovillo de hilo. Pero estoy buscando a mi hijo. ¿Sabes por casualidad dónde puedo encontrarlo?"

"¡Lo sé, mi niña! Ahora siéntate, gira un poco para mí, y yo iré a buscarte un trozo de mantequilla".

. . .

Se sentó a hilar, mientras la doncella traía un trozo de mantequilla y se lo daba.

"Ahora ve al bosque", dijo la doncella. "Hay una casita en el bosque, y tu hijo está allí".

La niña se puso en marcha y se adentró en el bosque. Allí se encontraba una casita con patas de pollo, que daba vueltas sobre los talones de la lanzadera.

Ella dijo: "¡Casa pequeña, casa pequeña! Dale la espalda al bosque, tu frente a mí".

Cuando la casita se volvió hacia ella, entró en ella, rezó una oración a Dios y vio al niño.

Baba Yaga percibió el olor del aliento ruso y se dio la vuelta. "¡Caramba, caramba, caramba! Antes no había ni olor ni vista del espíritu ruso, ¡pero ahora el espíritu ruso aparece ante mis ojos! ¿Qué pasa, hermosa doncella, estás haciendo una hazaña o huyendo de una hazaña?"

"No, abuelita, estaba caminando y caminando, ¡y vine aquí a calentarme!" "Bueno", dijo ella, "siéntate y busca cosas en mi cabeza".

Esta chica puso un trozo de cerámica con brea en la estufa, preparó unas bolas de algodón y se sentó a registrar la cabeza de Baba Yaga. Buscaba y repetía: "¡Duerme, un ojo, duerme, el segundo ojo! Si no te duermes, te echaré brea y te taparé con algodón".

Cuando Baba Yaga se durmió, la niña le echó brea en los ojos y los tapó con algodón. Le dio al gato el trozo de mantequilla, cogió al niño y salió corriendo.

Corrió al palacio y dijo: "Hermosa doncella, escóndeme o Baba Yaga me comerá".

"Siéntate, bella doncella, te esconderé. Después de todo, tú misma hiciste un trabajo para mí".

Nada más esconder a la niña en el sótano, Baba Yaga se acercó a ella volando. "Hermosa doncella, ¿has visto por casualidad a una chica que ha pasado por aquí con un niño pequeño?

"No, Baba Yaga, no vi a nadie".

Baba Yaga corrió a su casa y arañó al gato por no vigilar al niño.

Mientras lo arañaba, la niña con el niño corrió hacia el otro palacio. "Hermosa doncella, escóndeme".

"Siéntate, hermosa doncella", respondió. "Después de todo, tú misma hiciste un trabajo para mí". La escondió en un baúl.

Tan pronto como escondió a la niña en el baúl, Baba Yaga voló hacia ella. "Hermosa doncella, ¿has visto por casualidad a una chica pasar por aquí con un niño pequeño?"

"No, Baba Yaga, no vi a nadie".

Baba Yaga volvió a volar a su casa y empezó a pellizcar a aquel gato por no vigilar al niño. Lo pellizcó con tanta fuerza que lo pellizcó hasta la muerte. Mientras tanto, la niña subió corriendo a la casa con el niño.

La señora estaba tan contenta, que recompensó a la niña por haber rescatado a su hijo, y ella misma siguió viviendo con el niño, ganando riquezas y superando los malos tiempos.

8

Luna y estrella

EN CIERTO REINO, en cierto estado vivía un zar, y no tenía hijos. Así que él y su esposa rogaron a Dios que les diera un hijo para consolarse. Al cabo de cierto tiempo, la esposa del zar quedó embarazada y se alegraron mucho. Tuvieron una hija y le pusieron el nombre de Luna. Y ¡qué contento estaba el zar! Contrataron a toda clase de cortesanos para que la enseñaran... Al cabo de cierto tiempo, la esposa del zar volvió a engordar, y todos se alegraron de que Dios le hubiera concedido semejante regalo. Tuvieron otra hija, y le pusieron el nombre de Estrella. Y qué bellezas eran las dos, tan hermosas que es imposible describirlas. ¡Era más de lo que la mente podía abarcar! Y mientras esas hermosas niñas crecían, la gente seguía viniendo a visitarlas para maravillarse con ellas...

Cuando tenían unos doce años, una de las hijas cumplía años.

. . .

El zar organizó un magnífico baile. Llegó gente de todas las ciudades y provincias para felicitarlas, y todos querían admirar su belleza. En un momento dado, las niñas salieron al jardín a dar un paseo, y dejaron a su papá y a su mamá dentro. De repente, un torbellino se acercó a toda velocidad, cogió a las dos hermanas y se las llevó... Todos los invitados gritaron; hubo un gran revuelo. Pero el torbellino se las llevó cada vez más alto. Todos los invitados gritaban, así que el zar salió corriendo:

"¿Qué es, qué es?"

"¡Oh, padre zar! Tus hijos están ahí arriba!"

Cuando el zar oyó esto, se desmayó... Los senadores enviaron inmediatamente a todos los soldados a buscar a las niñas: tal vez habían caído en algún lugar. Buscaron y buscaron, pero no las encontraron por ninguna parte. Las buscaron; se miraron en un espejo especial: ¿se veían en alguna parte? No, no se veían. Preguntaron a los hechiceros; los hechiceros buscaron durante un día, y dos, y tres, durante una semana y más. Pasó un mes, y no, no había ni rastro... Buscaron en el bosque pero no los encontraron. "Debe ser", dijeron, "que se cayeron al mar".

Pasó un año, y otro... Luego, al cabo de varios años, la zarina se puso pesada y dio a luz al príncipe Iván. Y no crecía por días, sino por horas, ¡y era tan listo, tan inteligente!

Pero la zarina seguía llorando, lloraba desconsoladamente por sus hijas, por Luna y Estrella. El príncipe Iván entró y preguntó: "Mamá, querida, ¿por qué lloras?".

"No es nada", dijo.

"¡Mamá, querida, dime!"

"Oh, mi querido amigo Vanechka, tuve dos hijas antes que tú ..."

"¿Dónde están?"

Ella le contó la historia... "¡Y no se ha visto, ni se ha oído, ni se ha dicho nada de ellos!"

"Mamá", dijo, "permíteme ir a buscar a mis hermanas".

"No", dijo ella, "¡no vayas! No las encontrarás... Perdimos a nuestras hijas", dijo, "y te perderemos a ti también". Le rogó de todas las maneras posibles. Su padre se enteró, preguntó y convocó a sus ministros. "Señores", dijo, "mi hijo llora día y noche, ¡quiere ir a buscar a sus hermanas!"

· · ·

Los senadores dijeron: "¿Por qué no le das tu bendición, si tiene ese deseo?". "¿Cómo puede hacer esto", dijo el rey, "a una edad tan joven? ¿Cómo puede tener esas ideas?".

Entonces se enfadó con su esposa: "¿Por qué se lo has sugerido?".

Pensaron y pensaron en ello, y luego le dieron su bendición.

El príncipe Iván dijo: "¡Podría prescindir de todo, pero nunca iría sin vuestra bendición!". Se puso en marcha, diciendo: "¡Mamá! No llores, no te aflijas, ¡encontraré a mis hermanas!".

Caminó durante una semana y dos por un bosque, y de repente vio a dos espíritus del bosque, muy altos, que estaban luchando.

"Oh", dijeron, "Príncipe Iván, por favor sea juez para nosotros".

Estos espíritus del bosque tenían tres cosas: un mantel que se pone solo, un par de botas de siete leguas y un sombrero invisible.

. . .

El príncipe Iván aceptó y dijo: "Aquí hay un mojón. El que llegue primero se llevará dos de las cosas, y el que venga después se llevará una de ellas".

Salieron corriendo, adelantándose unos a otros, llegaron al mojón y se dieron la vuelta, pero el príncipe Iván se había puesto el sombrero invisible y no pudieron verlo.

"Oh, ¿dónde está el Príncipe Iván? ¿Dónde está el Príncipe Iván?".

Corrieron a su alrededor, pero no pudieron verlo. Lo buscaron durante tres horas, lloraron y se adentraron en el bosque para buscarlo. Pero el príncipe Iván se quitó el sombrero invisible y se puso las botas de siete leguas. Cuando daba un paso, avanzaba cinco vyorsts, si daba otro paso avanzaba otros cinco vyorsts.

Ahora Iván tenía ganas de comer. "Así que", dijo, "¡mantengan la mesa extendida!" De repente aparecieron todo tipo de platos y bebidas. Algunos hombres venían por el camino. Les llamó: "¡Hombres! Por favor, vengan aquí. Siéntense, por favor", les dijo. Se sentaron y comieron y bebieron hasta saciarse. El príncipe Iván pensó: "¡Gracias a Dios, tengo todo lo que podría necesitar!". Mientras tanto, los hombres que había invitado también se maravillaban; le dieron las gracias y siguieron su camino.

Él también se puso en marcha y llegó a un profundo bosque. Se topó con una casa que se levantaba sobre las rodillas de los pollos, girando hacia un lado y otro. "¡Casa pequeña, casa pequeña! Ponte de espaldas al bosque y de frente a mí".

La casa dio la vuelta e Iván entró en ella. Había una Baba-Yaga, una anciana hechicera. "¡Ahora", dijo ella, "el espíritu ruso aparece ante mis ojos! ¿Qué, príncipe Iván, estás haciendo una hazaña o huyendo de una hazaña?" "Tuve dos hermanas que desaparecieron", dijo él. "¿Sabes algo de ellas? ¿Has oído algo?"

"Conozco a tus hermanas. Los espíritus se las llevaron, y no podrás conseguirlas. Los Torbellinos son tan fuertes, mágicos. Ni siquiera puedes acercarte. Tu hermana Luna", dice, "está en el palacio de plata, y Estrella está en el palacio de oro. No las encontrarás: ¡está muy, muy lejos!"

"No", dijo, "yo iré".

"Bueno, vete entonces; mi hermana vive más cerca de allí. Aquí tienes un ovillo de hilo para ti. Dondequiera que ruede el ovillo de hilo, síguelo y llegarás a mi hermana".

. . .

Dio las gracias a Baba-Yaga y, cuando el ovillo salió rodando, lo siguió. Caminó durante una semana y llegó a su segunda hermana. Entró en su casa. Ésta estaba aún más enfadada, más mala. "Soy mala, astuta y sabia", dijo, "pero nuestra tercera hermana es aún más mala. Aquí tienes un pañuelo para ti", dijo. "Dáselo como un regalo de mi parte. Entonces te dejará entrar". Entonces partió de nuevo tras el ovillo de hilo. Llegó a la casa de la tercera Baba-Yaga, y le regaló el pañuelo de su hermana.

"Bueno", dijo ella, "¿cuál es tu negocio?"

"Estoy buscando a mis hermanas", dijo. "¿Por casualidad sabes dónde están mis hermanas?"

"Luna", dijo, "está con el primer Torbellino; sólo que hay un muro de piedra, y doce hombres hacen guardia día y noche. No te dejarán pasar. Y del otro Torbellino no hay nada que decir: es muy malo". Así que el príncipe se despidió y siguió su camino.

Llegó al primer palacio. El muro de piedra era muy alto: no había forma de escalarlo, y doce hombres se quedaban allí día y noche. Se acercó y les pidió que le dejaran entrar, pero no accedieron por nada del mundo. Se puso el sombrero invisible y cruzó volando.

. . .

Los centinelas lo vieron caminar por el patio. "Bueno", dijeron, "¡como si le hubiéramos dejado entrar! Debe haber sido un espíritu que nos pone a prueba".

Pero el príncipe Iván entró en el palacio. Entró en una habitación, pero no había nadie. Entró en una segunda habitación, en una tercera, en la quinta, y allí estaba su hermana Luna descansando en un sofá, tan bella... Estaba tumbada, descansando en un sueño profundo. "¡Querida hermana! ¡Despierta, despierta! Papá y mamá te envían sus respetos".

"No tengo hermanos", dijo.

Entonces le contó todo, y ella se alegró y se asustó. Lloró y lloró de alegría. "Oh", dijo ella, "sabes, el Torbellino vendrá volando a casa ahora, y te hará pedacitos".

"No tengo miedo", dijo, "de nadie en el mundo".

"Oh", dijo ella, "¡es un malvado!"

El Príncipe Iván le mostró su sombrero invisible y la calmó. De repente, el Torbellino llegó volando. Enseguida el Príncipe Iván se puso su sombrero invisible y no se le pudo ver.

. . .

"Oh", dijo el Torbellino, "Luna, huele a espíritu ruso; debe ser que tu hermano ha venido".

"No tengo hermanos".

Así que el Torbellino corrió a buscarlo. Buscó por todas partes, en los armarios y en los baúles, pero no lo encontró por ningún lado. "Debe ser", dijo, "que tu hermano está aquí".

"Incluso si lo es, ¿qué harías?"

"Nada", dijo el Torbellino.

"¡Príncipe Iván, muéstrate!", dijo ella.

Se quitó el sombrero invisible. El Torbellino lo vio y dijo: "Yo soy astuto, pero él es aún más astuto. ¿Cómo has llegado hasta aquí?"

"Sí", dijo, "la sangre me hizo buscar y la encontré".

Entonces su hermana corrió a traer algo de comer.

"¡No te preocupes!", dijo el príncipe Iván. "Yo te daré de comer. ¡Mantenga el mantel, extiéndase!"

Entonces aparecieron todo tipo de alimentos y bebidas.

El Torbellino comió y lo alabó todo. "¡Oh, qué comida y qué bebida hay en Rus!"

El príncipe Iván se quedó allí una semana y luego dos.

Entonces su hermana le dijo: "Será mejor que vayas a ver a Estrella. La Zar-Maiden vive más allá de ella, y tiene un gran poder sobre estos espíritus". El príncipe Iván se despidió de Luna, y partió a ver a su otra hermana, Estrella.

Llegó al palacio; tenía un muro muy alto. Doce hombres estaban allí, y no dejaban entrar a nadie en el palacio. El marido de Estrella era el Torbellino sobre todos los Torbellinos, el más asfixiante. Al igual que antes, los centinelas no dejaban pasar al príncipe Iván. Se puso su sombrero invisible y pasó. Dijeron: "Ahí está, paseando por el patio. Es un espíritu que sentía curiosidad por nosotros".

El príncipe Iván subió a la primera habitación, donde no había nadie; a la segunda, a la tercera, y en la quinta encontró a su hermana Estrella, aún más espléndida, descansando en un profundo sueño.

"¡Mi querida hermana! Despierta, despierta; tu hermano ha venido a verte, y trae los respetos de tu padre y de tu madre".

"No", dijo, "no tengo hermanos".

Entonces le contó todo. Ella se alegró mucho, se alegró mucho. Pero le dijo: "Pero mi Torbellino está furioso y te hará pedazos".

"No te preocupes", dijo, "no me verá". Le mostró el sombrero invisible. El Torbellino llegó volando. "Oh", dijo, "Estrella, debe ser que tu hermano está aquí. Huele al espíritu ruso. Debe estar aquí, ¡muéstramelo!"

"¡Pero lo vas a destrozar!"

"Te juro", dijo, "que no lo destrozaré".

Entonces el príncipe Iván se quitó el sombrero invisible y se quedó como invitado con ellos también.

Luego le dijo a Estrella: "¡Te voy a llevar!".

"No, el Torbellino nos alcanzaría. . . Pero en este reino hay una Zar-Maiden, y ella tiene un gran poder sobre estos espíritus. . . Ella quiere conocerte".

Así que el príncipe Iván se quedó como huésped de su hermana durante una semana y dos, se despidió y partió... Vino a ver a la zar- doncella, y ella se alegró mucho. La zar-doncella era una verdadera belleza.

"Oh, Príncipe Iván, ¿cómo te trajo Dios aquí?"

"La sangre me trajo aquí", dijo. "¿Puedes cumplir mi petición y ayudarme a rescatar a mis hermanas? Te tomaré como mi esposa".

"Muy bien", dijo ella. "Tengo un dragón de doce cabezas. Ha estado encadenado durante doce años, pero lo dejaré libre y vencerá a los Torbellinos". Luego hablaron durante un rato.

"Bueno", dijo ella, "¡Príncipe Iván, vamos a por el dragón!"

. . .

Fueron allí y ella le preguntó a su dragón: "¿Podrías vencer a esos dos espíritus, los Torbellinos?".

"Puedo", dijo, "sólo me da tiempo durante un mes para comer toda la carne y beber toda la cerveza que quiera".

Liberaron al dragón y cada día le daban de comer un toro entero y una cuba de cerveza. El dragón empezó a engordar. Pasó un mes, el dragón cogió sus armas y se fue volando. "Esperad aquí", dijo.

Voló hacia esos espíritus. Los espíritus volaron hacia él; lucharon, y lucharon, le arrancaron diez cabezas, pero él las atrapó con fuego, con sus garras... Los mató, arrojó sus cuerpos al mar y llevó sus cabezas a la Zar-Maiden.

El Príncipe Iván y el Zar-Maiden llegaron cabalgando al campo y recibieron al dragón con alegría. Luego se dirigieron a Estrella.

"¡Mi querida hermana!", dijo el príncipe Iván. "¡Aquí está lo que el Zar-Maiden ha hecho por ti!"

Se alegraron y celebraron. Y le dieron al dragón su propia y querida libertad, y pudo comer y beber todo lo que quiso.

El dragón estaba tan contento, tan contento de ser libre.

Y una vez más le crecieron doce cabezas: porque el dragón es un espíritu...

Se dieron un festín con Estrella durante una semana.

Entonces ella dijo: "¿En qué está pensando ahora Luna? No ve su espíritu".

El príncipe Iván dijo: "Bueno, querida hermana, recoge tus cosas y vámonos".

"¿Qué debo empacar?"

Salieron al porche. Ella dijo una palabra y rodó un huevo en un platillo dorado: "¡Rodar mi casa en el huevo de oro!

¡Alfombra voladora! ¡Vuela hacia mí!"

Apareció una alfombra voladora y los tres volaron para ver a Luna.

. . .

Cuando llegaron a su hermana, le dijo: "Bueno, mi querida hermana, tenemos que recoger nuestras cosas". Ella salió al porche, dijo una palabra, hizo rodar un huevo en un platillo de plata, y la casa se enrolló en el huevo de plata. Se sentaron en la alfombra voladora y se fueron volando como pájaros a su país. Llegaron al jardín, desenrollaron el huevo y apareció un palacio. Desenrollaron el otro huevo y apareció otro palacio...

En ese momento, un embajador salió a cabalgar e informó al zar: "¡Han aparecido dos palacios en su jardín!". El zar salió y se enteró de todo. Qué alegría... El zar organizó un baile, el príncipe Iván se casó y el zar le dio su reino.

Entonces empezaron a vivir y vivir, y a acumular riquezas.

9

El hermano

Una vez vivió una señora. Tenía tres hijas y un hijo pequeño. Cuidaba mucho a su hijo y no lo dejaba salir de casa. Un espléndido día de verano, las hijas acudieron a su madre y le pidieron que les dejara llevar a su hermano a pasear por el jardín. Durante mucho tiempo, la madre no accedió, pero finalmente lo dejó ir. Caminaron durante mucho tiempo por el jardín. De repente se levantó un fuerte viento. La arena y el polvo se levantaron en una nube, y el niño fue arrancado de los brazos de la niñera y llevado quién sabe dónde. Lo buscaron y lo buscaron en el jardín, pero no lo encontraron. Lloraron un poco y luego fueron a decirle a su madre que su hermanito había desaparecido. La madre envió a la hija mayor a buscarlo. La madre envió a la hija mayor a buscarlo, y salió a un prado en el que había tres caminos. Se puso en marcha por el que iba en línea recta. Caminó y caminó, hasta que llegó a un abedul. "¡Abedul, abedul! Dime, ¿dónde está mi hermanito?"

. . .

"Recoge hojas de mí, toma la mitad para ti y deja la otra mitad para mí. Con el tiempo te será útil".

La chica no escuchó. Dijo: "¡No tengo tiempo!" y siguió adelante. Llegó a un manzano. "¡Manzano, manzano! ¿Has visto por casualidad a mi hermanito?"

"Recoge todas las manzanas de mí; toma la mitad para ti, y deja la otra mitad para mí. Con el tiempo, te seré útil".

Ella dijo: "¡No, no tengo tiempo! ¿Cómo voy a recoger fruta? Voy a buscar a mi propio hermano de sangre". Caminó y caminó. Llegó a una estufa. Y la estufa estaba encendida, estaba muy caliente. "¡Estufa, estufa! ¿Has visto por casualidad a mi propio hermanito?"

"¡Hermosa doncella! Barre la estufa, hornea un barquillo, toma la mitad para ti y deja la otra mitad para mí. Te será útil en su momento".

"¿Cómo puedo barrer y hornear? Voy a cuidar a mi hermano".

Siguió adelante. Una casa estaba parada sobre patas de pollo, sobre tacos de huso; se paró allí y dio vueltas.

Ella dijo: "¡Casita, casita! Ponte de espaldas al bosque y de frente a mí". La casa se dio la vuelta y ella subió a ella. Rezó una oración a Dios y se inclinó en las cuatro direcciones.

Una Baba Yaga estaba tumbada en el banco, con la cabeza en la pared, las piernas clavadas en el techo y más hambrienta que nunca. Baba Yaga dijo: "¡Caramba, caramba, caramba! Hasta ahora no había olor ni vista de un alma rusa. ¡Tú, doncella! ¿Estás haciendo una hazaña o huyendo de una hazaña?"

Ella dijo: "¡Abuela! He caminado sobre musgos y sobre pantanos. Me he empapado y he venido a ti para calentarme".

"¡Siéntate, bella doncella! ¡Busca cosas en mi cabeza!"

Se sentó a mirar y vio a su hermano sentado en una silla, mientras el gato Yeremei le contaba historias y cantaba canciones. La anciana, la Baba Yaga, se quedó dormida. La niña cogió a su hermano y salió corriendo para llevarlo a casa. Se acercó a la estufa. "¡Estufa, estufa! Escóndeme!"

"No, bella doncella, no te esconderé".

. . .

Llegó al manzano. "¡Manzanero, manzano! Escóndeme".

"No, bella doncella, no te esconderé".

Llegó al abedul. "¡Abedul, abedul! Escóndeme".

"¡No, bella doncella, no te esconderé!" Siguió caminando. Pero entonces el gato empezó a ronronear, y Baba Yaga se despertó y vio que el niño había desaparecido. Gritó: "¡Águila gris! Vuela de inmediato. La hermana ha estado aquí y se ha llevado al niño". (Esta águila era la que había llevado al niño lejos de su madre).

El águila gris salió volando. "¡Estufa, estufa! ¿Has visto por casualidad, ha pasado por aquí una chica con un niño pequeño?"

"Sí, lo hizo".

El águila voló más lejos. "¡Manzanero, manzano! ¿Has visto por casualidad que ha pasado por aquí una chica con un niño?"

"¡Acaba de pasar!"

El águila voló hasta el abedul. Alcanzó a la niña, se llevó a su hermano y la arañó por completo, la arañó por todas partes con sus garras. La niña volvió a casa con su madre.

"¡No, madre, no he encontrado a mi querido hermano!"

Entonces la hermana del medio preguntó: "¿Me dejas ir a buscar a nuestro hermano?".

La dejaron ir. Se puso en marcha y todo sucedió igual. Volvió a casa toda hecha jirones, arañada por todas partes.

La hermana menor empezó a pedir ir. Le dijeron: "Tus dos hermanas salieron y no lo encontraron, ¡y tú tampoco lo encontrarás!".

"¡Dios sabe, tal vez lo encuentre!" Se puso en marcha. Llegó al abedul. "¡Abedul, abedul! Dime dónde está mi hermanito".

"Recoge las hojas de mí. Toma la mitad para ti y deja la otra mitad para mí. Alguna vez te seré útil".

. . .

Recogió las hojitas, y cogió la mitad para ella y dejó la otra mitad para el árbol. Siguió adelante y llegó al manzano.

"¡Manzanero, manzano! ¿Has visto por casualidad a mi propio hermanito?"

"Hermosa doncella, recoge manzanas de mí. Toma la mitad para ti y deja la otra mitad para mí. Alguna vez te seré útil".

Ella recogió las manzanas. Tomó la mitad para ella y dejó la otra mitad para el árbol, y siguió adelante. Llegó a la estufa.

"¡Estufa, estufa! ¿Has visto por casualidad a mi propio hermanito?"

"¡Hermosa doncella! Báñame y hornea una oblea. Toma la mitad para ti y deja la otra mitad para mí". Así que barrió la estufa, horneó un barquillo, tomó la mitad para ella y dejó la otra mitad para la estufa.

Siguió avanzando. Se acercó y vio una casita sobre patas de pollo, sobre tacones de huso, dando vueltas. Dijo: "¡Casita, casita! Ponte de espaldas al bosque y de frente a mí". La casa se giró. Ella entró y rezó una oración a Dios.

. . .

(Y había traído de casa un trozo de mantequilla, unas galletas saladas, de todo).

Baba-Yaga dijo: "¡Hasta ahora no había olor ni vista de un alma rusa, pero ahora un alma rusa aparece ante mis ojos! ¿Por qué estás aquí, hermosa doncella, estás haciendo una obra o huyendo de una obra?"

"¡No, abuela! Estaba caminando por el bosque, por los pantanos, y me he empapado, me he enfriado. Me he pasado por tu casa para calentarme".

Ella dijo: "¡Siéntate, bella doncella! Busca cosas en mi cabeza".

Empezó a mirar y seguía diciendo: "Duérmete un ojo, duérmete el otro. Si no te duermes te echaré brea encima, te taparé con bolas de algodón". Baba Yaga se durmió. La niña cogió un algodón y lo mojó en brea, untó los ojos de Baba Yaga con brea. Enseguida le dio al gato Yeremei un trozo de mantequilla, y una rosquilla, y unas galletas saladas, y unas manzanas, de todo. Y se llevó a su hermano. El gato comió hasta saciarse, se tumbó y se echó una siesta.

Se fue con su hermano. Se acercó a la estufa y dijo: "¡Estufa, estufa! Escóndeme".

"¡Siéntate, bella doncella!" Enseguida la estufa se extendió, se hizo mucho más amplia. Ella se sentó en ella. Y la Baba Yaga se despertó, pero no podía abrir los ojos, así que se arrastró hasta la puerta y gritó: "¡Tomcat Yeremei! ¡Ábreme los ojos!"

Pero él le respondió: "¡Ronronea, ronronea! He vivido tanto tiempo contigo, y nunca he visto ni un mendrugo quemado.

Pero la bella doncella vino sólo por una hora, ¡y me dio un trozo de mantequilla!"

Entonces Baba Yaga se arrastró hasta el umbral. Gritó: "¡Águila gris! Vuela de inmediato, la hermana ha estado aquí, ¡se ha llevado a su hermano!"

Salió volando. Voló hasta la estufa. "¡Estufa, estufa! ¿Has visto por casualidad, ha pasado por aquí una chica con un niño pequeño?"

"No, no he visto nada".

"¿Y por qué, estufa, te has quedado tan ancha?"

. . .

Decía: "Es sólo por un tiempo. No hace mucho tiempo que estaba en marcha".

Entonces el águila volvió de nuevo, arañó y arañó los ojos de Baba Yaga, la arañó por todas partes. La hermana y el hermano se acercaron al manzano. "¡Manzano, manzano!

Escóndeme!

"¡Siéntate, bella doncella!"

El manzano se hizo mullido, rizado.

Se sentó en una grieta del tronco. Entonces el águila gris volvió a volar y se dirigió al manzano. "¡Manzano, manzano! ¿Has visto por casualidad, ha pasado por aquí una chica con un niño?"

Respondió: "No".

"¿Por qué, manzano, te has vuelto tan rizado y has bajado tus ramas hasta el suelo?"

. . .

"Ha llegado el momento", dijo. "Estoy aquí todo rizado".

El águila volvió a Baba Yaga. Arañó y arañó, pero no pudo abrirle los ojos.

Y la niña se acercó al abedul. "¡Abedul, abedul!

¡Escóndeme!"

"¡Siéntate, querida!", dijo. Se hizo mullido, rizado, como el manzano. El águila gris volvió a volar. "¡Abedul, abedul!

¿Has visto por casualidad, ha pasado por aquí una chica con un niño?"

"No, no lo hizo".

El águila regresó de nuevo. La muchacha volvió a casa y trajo al niño con ella. Todos se alegraron.

Estuve allí y bebí hidromiel y cerveza. Me chorreaba por el bigote, pero no me entraba en la boca.

10

La nuera

Una vez vivieron un anciano y una anciana. Tenían un hijo y lo casaron con una joven.

La suegra envió a su nuera a esquilar las ovejas. Pero ella no tenía ovejas, sino osos. Así que la nuera se sentó en una encina y llamó: "¡Osos míos, grises, venid a esquilaros!".

Vinieron y se esquilaron solos.

Luego regresó y llevó la lana a su suegra. Entonces la suegra la mandó a ordeñar las vacas. Pero no tenía vacas, sino lobos. Se sentó en un roble y llamó: "¡Las lobas y los lobos!

Venid a ordeñaros!" Vinieron y se ordeñaron. Luego llevó la leche a su suegra.

Entonces la suegra la envió a ver a su hermana, que era bruja, para pedirle unas cañas de telar. Llegó a la casa de la bruja. "¡Tía!", le dijo, "¡Dale a mi madre unas cañas!"

"¡Sobrina! Siéntate, haz algo de tejido para mí".

Entonces la bruja fue a la bodega a afilar sus dientes. Afiló y afiló durante un rato y dijo: "¡Sobrina! ¿Estás aquí?"

"¡Estoy aquí, tía!" Entonces ella (la sobrina) escupió en las cuatro direcciones. La bruja preguntó: "¡Sobrina! ¿Estás aquí?"

"Toma, tía". Entonces la sobrina se fue a casa. Le dio al gato un trozo de mantequilla, puso un escarabajo en la casa con una oración. Roció la puerta con agua y la cerró con una oración. Le dio un trozo de carne al perro y se fue.

Baba Yaga llegó. Vio que la chica se había ido. "Gato, ¿por qué la dejaste ir?"

Dijo: "Me dio un trozo de mantequilla. He vivido tanto tiempo contigo y nunca he visto ni siquiera una corteza quemada".

. . .

Entonces dijo: "Ciervo-escarabajo, ¿por qué la dejaste ir?"

Decía: "He vivido una edad con usted, y nunca vi una corteza quemada. Pero me puso aquí con una oración".

"Puerta, ¿por qué la dejaste ir? Podrías haberla golpeado".

Decía: "He vivido contigo una edad, nunca vi una corteza quemada; ¡pero me cerró con una oración!"

"Tú, perro, ¿por qué no la mordiste?"

Decía: "He vivido una edad contigo, nunca he visto una corteza quemada; ¡pero ella me dio un pedazo de carne!"

Así que la nuera se escapó.

11

La princesa encantada

Había una vez en cierto reino un soldado que servía en la guardia de caballos del rey. Sirvió sus veinticinco años con fe y verdad. Por su honesta conducta, el rey ordenó su licenciamiento y le concedió el retiro total. Como recompensa, le dio al soldado el mismo caballo que solía montar en su regimiento, con la silla de montar y todo el equipo. El soldado se despidió de sus camaradas y partió hacia su tierra natal.

Cabalgó durante un día, un segundo y un tercero. Pronto había pasado una semana entera, y una segunda semana, y una tercera. El soldado no tenía suficiente dinero. No tenía forma de alimentarse ni de alimentar a su caballo, y su casa seguía estando muy, muy lejos. Las cosas pintaban muy mal para él. Tenía muchas ganas de conseguir algo para comer.

Empezó a mirar a su alrededor y vio un gran castillo a un lado. "Bueno, ahora", pensó.

"¿No debería ir en esa dirección? Tal vez al menos me tomen en servicio por un corto tiempo, y pueda ganar algo". Se volvió hacia el castillo, entró en el patio, puso su caballo en el establo y le dio algo de comida. Él mismo entró en los aposentos. En los aposentos había una mesa cargada, y sobre ella comida y vino, ¡todo lo que su alma pudiera desear! El soldado comió y bebió hasta saciarse. "¡Ahora también podré dormir un poco la siesta!", pensó.

De repente entró una osa. "No tengas miedo de mí, buen joven. Es bueno que hayas venido aquí. No soy una osa salvaje, sino una hermosa doncella, una princesa encantada. Si puedes soportar permanecer aquí durante tres noches, entonces el encantamiento se romperá. Me convertiré en una princesa como antes, y me casaré contigo".

El soldado aceptó. La osa salió y él se quedó solo. Aquí le sobrevino un anhelo tal que hubiera preferido morir, y cuanto más duraba, más fuerte se hacía. Si no fuera por el vino, parecía que no habría podido aguantar ni una sola noche. Al tercer día llegó el momento en que el soldado decidió dejarlo todo y salir corriendo del castillo, pero por más que se esforzara, por más que lo intentara, no podía encontrar ninguna salida. No podía hacer nada: tenía que quedarse allí contra su voluntad. También pasó la tercera noche. Por la mañana apareció una reina de indescriptible belleza, le agradeció sus servicios y le dijo que se vistiera para la boda. Entonces celebraron la boda y empezaron a vivir juntos, y no tuvieron nada de qué quejarse.

Al cabo de cierto tiempo, el soldado empezó a pensar en su tierra natal y sintió el deseo de pasar un tiempo allí. La reina trató de disuadirlo. "Quédate aquí, amigo mío, no te vayas. ¿Qué te falta aquí?"

No, no pudo convencerle de que no lo hiciera. Se despidió de su marido y le dio un pequeño saco, lleno de semillas. Le dijo: "Sea cual sea el camino que recorras, arroja esta semilla a ambos lados. Dondequiera que caiga, crecerán árboles en ese mismo instante. En las ramas de los árboles empezarán a brillar frutos raros, toda clase de pájaros cantarán y los gatos de ultramar contarán cuentos de hadas". El buen joven montó en el caballo en el que había servido y se puso en camino.

Dondequiera que cabalgaba, arrojaba semillas a ambos lados, y los bosques se levantaban a su paso como si se arrastraran desde la tierra húmeda.

Cabalgó durante un día, un segundo, un tercero, y vio una caravana parada sobre la hierba en un campo vacío. Había mercaderes sentados en el suelo y jugando a las cartas, mientras un caldero colgaba junto a ellos. Aunque no había fuego bajo el caldero, el caldo hervía con fuerza. "¡Qué maravilla!", pensó el soldado. "No hay fuego, pero el caldo hierve en la marmita como un manantial. Déjame ver más de cerca". Giró su caballo hacia un lado, se acercó a los mercaderes y dijo: "¡Hola, honrados caballeros!".

Pero no se dio cuenta de que no eran mercaderes, sino espíritus inmundos. "¡Es un buen truco, una tetera que hierve sin fuego! Pero yo tengo uno mejor". Sacó un grano de la semilla de su bolsita y lo tiró al suelo, y en ese instante creció un árbol milenario, en el que brillaron frutos preciosos, toda clase de pájaros cantaron canciones y los gatos de ultramar contaron cuentos.

Los impuros lo reconocieron por su jactancia. "Ah", dijeron entre ellos. "Vaya, este debe ser el mismo que rescató a la reina. Vamos a dormirlo con una poción, hermanos, y dejémoslo dormir durante medio año". Comenzaron a ofrecerle comida y bebida, y lo atiborraron de hierbas mágicas. El soldado se tumbó en la hierba y cayó en un sueño profundo y sin despertar, pero los mercaderes, la caravana y la tetera desaparecieron en un instante.

Poco después, la reina salió a pasear por su jardín. Miró y vio que todas las copas de los árboles habían empezado a marchitarse. "¡Es una mala señal!", pensó. "Puedo decir que algo malo le ha ocurrido a mi marido.

Han pasado tres meses, es hora de que vuelva, ¡pero no hay rastro de él!". La reina preparó sus cosas y salió a buscarlo.

Cabalgó por el mismo camino por el que había pasado el soldado, con árboles que crecían a ambos lados, y pájaros que cantaban, y los gatos de ultramar que maullaban. Llegó a un lugar donde los árboles se detenían y el camino se desviaba por el campo abierto. Pensó: "¿Adónde habrá ido a parar? La tierra no puede habérselo tragado". Miró a un lado y vio el mismo tipo de árbol maravilloso, con su querido amigo tumbado bajo él.

Corrió hacia él y empezó a sacudirlo y a pincharlo, pero no, no se despertaba. Empezó a pellizcarle, a pincharle el costado con alfileres, le pinchaba y pinchaba, pero él tampoco sentía el dolor, se quedaba tumbado como si estuviera muerto y no se removía.

La reina se enfadó, y en su cólera pronunció una maldición.

"¡Inútil dormilón, que el torbellino salvaje te recoja y te lleve a tierras desconocidas!". Apenas lo dijo, los vientos comenzaron a susurrar y silbar, y en un momento recogieron al soldado con un salvaje torbellino y lo llevaron fuera de su vista. La reina se dio cuenta demasiado tarde de que había dicho algo malo. Volvió a su casa y empezó a vivir sola.

Pero el torbellino llevó al pobre soldado lejos, muy lejos, sobre tres veces nueve tierras, y lo arrojó a un cuello de tierra entre dos mares. Cayó en la parte más estrecha de la tierra.

. . .

Si hubiera rodado hacia la izquierda o si hubiera girado hacia la derecha mientras dormía, habría caído directamente al mar, y eso habría sido su fin. El joven durmió durante medio año sin mover ni un dedo. Pero cuando se despertó, se puso en pie de un salto y echó un vistazo: a ambos lados veía las olas que se levantaban, y no se veía el final del ancho mar. Se quedó pensativo y se preguntó: "¿Qué milagro me ha traído hasta aquí? ¿Quién me ha arrastrado hasta aquí?". Caminó a lo largo de la franja de tierra y llegó a una isla. En esa isla había una montaña alta y escarpada. Su cima llegaba hasta las nubes, y en la montaña yacía un gran peñasco.

Se acercó a esa montaña y vio a tres demonios peleando. De todos ellos manaba sangre y volaban mechones de pelo. "¡Esperad, malvados! ¿Por qué os peleáis?"

"Bueno, verás, nuestro padre murió hace tres días, y nos dejó tres cosas maravillosas, una alfombra voladora, botas de siete leguas y un sombrero invisible. Así que no podemos repartirlas".

"¡Oh, malditos! Habéis iniciado una batalla por semejantes nimiedades. Si queréis, os lo repartiré todo. Estaréis satisfechos; no despreciaré a nadie". "¡Pues entonces, paisano, divídelo todo, por favor!"

. . .

"¡Muy bien! Corre ahora mismo a los pinares, recoge cien poods de brea y tráela aquí".

Los diablos corrieron a los bosques de pinos, recogieron trescientos poods de brea y se la llevaron al soldado.

"Ahora trae el caldero más grande del infierno".

Los demonios sacaron un enorme caldero, en el que cabían cuarenta barriles, y vertieron en él toda la brea.

El soldado encendió un fuego y, en cuanto se derritió la brea, ordenó a los diablos que arrastraran el caldero hasta la montaña y que vertieran la brea de arriba abajo. Los diablos lo hicieron de inmediato. "Bien, entonces", dijo el soldado.

"Ahora volcad ese peñasco de ahí. Dejad que ruede montaña abajo, y vosotros tres id corriendo tras ella. El primero de vosotros que la coja será el primero en elegir una de estas tres cosas maravillosas. El segundo en atraparla será el segundo en elegir uno de los dos objetos que quedan. Y luego la última cosa maravillosa será para el tercero".

Los diablos volcaron el peñasco y éste salió rodando montaña abajo. Los tres corrieron tras ella.

Uno de los diablos lo alcanzó y se agarró a la roca, pero ésta se volcó, lo hizo caer debajo de ella y lo estrelló contra el terreno de juego. El segundo diablo lo alcanzó, y luego el tercero, y les ocurrió lo mismo. Quedaron clavados en el terreno de juego, ¡con la mayor firmeza posible! El soldado cogió las botas de siete leguas y el sombrero invisible bajo el brazo, tomó asiento en la alfombra voladora y salió volando en busca de su propio reino.

Después de mucho o poco tiempo, voló hasta una casita y entró en ella. En la casa estaba sentada una Baba Yaga, de piernas huesudas, vieja y sin dientes.

"¡Hola, abuelita! Dime, ¿cómo puedo encontrar a mi hermosa reina?"

"¡No lo sé, querida! No la he visto ni he tenido noticias de ella. Vete y cruza tantos mares, tantas tierras; mi hermana mediana vive allí. Ella sabe más que yo, tal vez pueda decírtelo".

El soldado tomó asiento en la alfombra voladora y salió volando. Tuvo que vagar durante mucho tiempo por el mundo blanco. Si empezaba a tener hambre y sed, se ponía enseguida el sombrero invisible, volaba hasta alguna ciudad, entraba en las tiendas, cogía lo que le apetecía, volvía a subir a la alfombra y seguía volando.

Voló hasta otra casita y entró. Allí estaba sentada una Baba Yaga, de piernas huesudas, vieja y desdentada. "¡Hola, abuelita! ¿Por casualidad no sabes dónde puedo encontrar a mi hermosa reina?"

"No, querida, no lo sé. Debes viajar por tantos mares, por tantas tierras. Mi hermana mayor vive allí, tal vez ella lo sepa".

"¡Eh, viejo gruñón! Has vivido tantos años en el mundo que se te han caído todos los dientes, pero no sabes nada útil". Tomó asiento en la alfombra voladora y se fue volando a ver a la hermana mayor.

Vagó durante mucho, mucho tiempo, vio muchas tierras y muchos mares, y finalmente voló hasta el fin del mundo. Allí había una casita, pero no había ningún lugar más allá: nada más que la oscuridad total, no se podía ver nada. "Bueno", dijo. "¡Si no puedo obtener una respuesta aquí, no hay ningún otro lugar donde volar!"

Entró en la casita, y allí vio a una Baba Yaga, de piernas huesudas, gris y sin dientes. "¡Hola, abuelita! Dime, ¿dónde está mi hermosa reina?" "Espera un poco, déjame llamar a todos los vientos juntos y les preguntaré. Después de todo, soplan por todo el mundo, así que deberían saber dónde vive ahora".

La anciana salió al porche, gritó en voz alta y silbó un silbato bogatyr. De repente aparecieron los vientos inquietos y empezaron a soplar desde todas las direcciones, ¡de modo que la casa empezó a temblar! "¡Más suave, más suave!", gritó Baba Yaga. Y en cuanto los vientos se hubieron reunido, empezó a preguntarles: "Mis vientos salvajes, sopláis por todo el mundo. ¿Habéis visto a la hermosa reina?"

"¡No, no la hemos visto por ninguna parte!", respondieron los vientos al unísono.

"¿Y están todos presentes?"

"Todos nosotros, excepto el viento del sur".

El viento del sur llegó volando un poco más tarde. La anciana le preguntó: "¿Dónde has estado todo este tiempo? Casi dejamos de esperarte".

"¡La culpa es mía, abuela! Me dejé caer por un nuevo reino, donde vive una hermosa reina. Su marido desapareció sin dejar rastro, así que ahora la cortejan todo tipo de zares e hijos de zares, reyes y príncipes".

. . .

"¿Y qué distancia hay hasta el nuevo reino?"

"A pie tendrías que ir treinta años, con alas tendrías que volar diez, pero si soplo puedo llevarte allí en sólo tres horas".

El soldado comenzó a suplicar con lágrimas en los ojos que el viento del sur lo llevara al nuevo reino. "¡Claro!", dijo el viento del sur. "Te llevaré allí, si me das permiso para pasear todo lo que quiera por tu reino durante tres días y tres noches".

"¡Pasea durante tres semanas si quieres!"

"Está bien. Descansaré un día o dos, para reunir fuerzas, y luego nos pondremos en marcha".

El viento del sur descansó, reunió fuerzas y le dijo al soldado: "Bueno, hermano, prepárate, ya nos vamos. Y escucha, no tengas miedo. No saldrás herido". De repente, un feroz torbellino comenzó a susurrar y a silbar; elevó al soldado por los aires y lo llevó por encima de las montañas y los mares bajo las mismas nubes, y al cabo de tres horas exactas se encontraba en el nuevo reino, donde vivía su hermosa reina. El viento del sur le dijo: "¡Adiós, buen joven! Me he apiadado de ti, no voy a pasear por tu reino".

"¿Por qué?"

"Porque, si me pusiera a pasear, no quedaría ni una casa en la ciudad, ni un árbol en los jardines. Lo pondría todo patas arriba".

"¡Adiós entonces! Gracias", dijo el soldado. Se puso su sombrero invisible y entró en las cámaras de piedra blanca.

Ahora bien, mientras él estaba fuera del reino, todos los árboles del jardín habían permanecido con las hojas marchitas, pero en cuanto él apareció volvieron a la vida de inmediato y empezaron a florecer. Entró en la gran sala, y allí, en la mesa, estaban sentados toda clase de zares e hijos de zares, reyes y príncipes, que habían venido a cortejar a la hermosa reina. Se sentaron allí y se deleitaron con vinos dulces. Cada vez que un pretendiente servía una copa, en el momento en que la levantaba a los labios, el soldado golpeaba inmediatamente la copa con el puño y la derribaba de inmediato. Todos los invitados se sorprendieron de ello, pero la bella reina lo adivinó enseguida. "¡Debe ser que mi amigo ha vuelto!", pensó.

Miró por la ventana. Todas las copas de los árboles habían cobrado vida en el jardín, y comenzó a contar un acertijo a sus invitados. "Tenía un cofre hecho a mano con una llave de oro.

Perdí la llave y no tenía esperanzas de encontrarla, pero ahora esa llave ha aparecido sola. Quien pueda adivinar el acertijo, me casaré con él". Los zares y los hijos de los zares, los reyes y los príncipes se rompieron la cabeza con este acertijo durante mucho tiempo, pero no había manera de que lo resolvieran. La hermosa reina dijo: "¡Muéstrate, amigo mío!".

El soldado se quitó el sombrero invisible, la tomó de las manos blancas y comenzó a besar sus labios azucarados. "¡Y ahí está la solución para ti!", dijo la hermosa reina. "El cofre hecho a mano: esa soy yo, y la llavecita de oro: ese es mi fiel esposo". Los pretendientes tuvieron que dar la vuelta a sus carruajes. Todos se marcharon a sus casas, pero la reina empezó a vivir con su marido y a enriquecerse.

12

La pluma de Finist el Halcón Brillante

Vivía una vez un anciano que tenía tres hijas. La mayor y la del medio eran muy elegantes, pero la más joven sólo se preocupaba de mantener la casa.

El padre se preparó para ir a la ciudad y preguntó a sus hijas qué debía comprar para cada una de ellas. La mayor pidió: "¡Cómprame un vestido!".

Y el del medio dijo lo mismo.

"¿Y para ti, mi querida hija?", preguntó a la más joven.

"Cómprame una pluma de Finist, el halcón brillante, padre".

. . .

El padre se despidió de ellas y partió hacia la ciudad. Compró material para los vestidos de las hijas mayores, pero no pudo encontrar una pluma de Finist, el halcón brillante, en ningún sitio.

Volvió a casa y alegró a la mayor y a la mediana con la ropa nueva. "Pero no encontré una pluma de Finist, el halcón brillante, para ti", le dijo a la menor.

"Que así sea", dijo ella. "Quizás en otra ocasión tengas la suerte de encontrarlo".

Las hermanas mayores cortaban y cosían vestidos nuevos para ellas. Se reían de ella, pero sabía mantener la paz.

Una vez más, cuando el padre se preparaba para ir a la ciudad, preguntó: "Bueno, hijas, ¿qué os compro?".

El mayor y el mediano pidieron pañuelos, pero el menor dijo: "Cómprame una pluma de Finist, el halcón brillante, padre".

El padre fue a la ciudad y compró dos pañuelos, pero no vio ninguna pluma. Volvió a casa y dijo: "¡Ah, hija!

· · ·

Esta vez tampoco he encontrado una pluma de Finist, el halcón brillante".

"No es nada, padre. Quizá la próxima vez tengas más suerte".

El padre se preparaba para ir a la ciudad por tercera vez y preguntó: "Decidme, hijas, ¿qué os compro?".

Los mayores dijeron: "Cómpranos pendientes".

Pero la menor siguió con su "Cómprame una pluma de Finist el halcón brillante".

El padre compró los pendientes de oro y se apresuró a buscar la pluma, pero nadie había oído hablar de ella. Se entristeció y salió de la ciudad. Apenas había atravesado las puertas, cuando un anciano se acercó a él llevando una cajita. "¿Qué tienes ahí, viejo?"

"Una pluma de Finist, el halcón brillante".

"¿Qué pides por él?"

. . .

"Dame mil".

El padre pagó el dinero y galopó a casa con la cajita. Sus hijas le salieron al encuentro. "Bueno, mi querida hija", le dijo a la más joven, "por fin te he comprado un regalo.

Toma, cógelo".

La hija menor casi saltó de alegría, tomó la cajita, comenzó a besarla y acariciarla, y la apretó fuertemente contra su corazón.

Después de la cena, todos se separaron para ir a dormir a sus propias habitaciones. Ella también entró en su habitación. Abrió la cajita, y la pluma de Finist, el brillante halcón, salió volando de inmediato, golpeó contra el suelo y apareció ante ella un apuesto príncipe. Intercambiaron palabras dulces y buenas.

Las hermanas oyeron y preguntaron: "¿Con quién hablas, hermana?". "Sólo conmigo", respondió la bella doncella.

"Bueno, entonces, ¡abre!"

. . .

El príncipe golpeó el suelo y se convirtió en una pluma. Lo recogió, puso la pluma en la cajita y abrió la puerta. Sus hermanas miraron a un lado y a otro: ¡no había nadie!

Apenas salieron, la bella doncella abrió la ventana, sacó la pluma y dijo: "¡Vuela, pluma mía, al campo abierto; pasea por allí hasta que llegue el momento!". La pluma se convirtió en un brillante halcón y voló hacia el campo abierto.

También la noche siguiente, Finist, el brillante halcón, vino volando hacia su doncella. Comenzaron a conversar alegremente.

Las hermanas lo oyeron y corrieron hacia su padre. "¡Padre! Alguien está visitando a nuestra hermana por la noche. Incluso ahora está sentado y hablando con ella".

El padre se levantó y fue a ver a su hija menor, pero cuando entró en su habitación el príncipe hacía tiempo que se había convertido en una pluma y estaba tumbado en la cajita.

"¡Niñas traviesas!", les espetó el padre a las hijas mayores.

. . .

"¿Por qué contáis historias falsas sobre ella? Más vale que os cuidéis".

Al día siguiente, las hermanas recurrieron a la astucia. Al anochecer, cuando estaba completamente oscuro en el patio, subieron una escalera, reunieron muchos cuchillos y agujas afiladas y los sujetaron frente a la ventana de la bella doncella.

Por la noche, Finist, el halcón brillante, vino volando, y luchó y luchó. No pudo entrar en la habitación; sólo se cortó las alas por todas partes.

"¡Adiós, bella doncella!", dijo. "Si quieres buscarme, búscame en las tres veces nueve tierras, en el tres veces décimo reino. Desgastarás tres pares de zapatos de hierro, romperás tres báculos de hierro y roerás tres panes de piedra antes de encontrarme, el buen joven". Pero la doncella siguió durmiendo. A pesar de que escuchó estas palabras poco acogedoras a través de su sueño, no pudo despertarse ni levantarse.

Por la mañana se despertó y miró. Había cuchillos y agujas clavados en su ventana, y la sangre seguía goteando de ellos.

. . .

Levantó las manos. "¡Oh, Dios mío! Eso significa que mis hermanas han herido a mi querido amigo!".

A esa misma hora se preparó y salió de casa. Corrió a la herrería y mandó forjar tres pares de zapatos de hierro y tres bastones de hierro. Guardó tres panes de piedra y se puso en camino para encontrar a Finist, el halcón brillante.

Caminó y caminó, desgastó un par de zapatos, rompió un bastón de hierro y royó un pan de piedra. Llegó a una casita y llamó a la puerta.

"¡Amo y señora de la casa! Protéjanme de la noche oscura".

Una anciana respondió: "¡Bienvenida, bella doncella! ¿A dónde vas, mi paloma?"

"¡Ah, abuela! Estoy buscando a Finist, el halcón brillante".

"Bueno, bella doncella, tendrás un largo camino de búsqueda".

Por la mañana, la anciana dijo: "Ahora ve a ver a mi hermana mediana, ella te dará buenos consejos.

Y aquí tienes mi regalo: una rueca de plata y un huso de oro. Si te pones a hilar el vellón, se convertirá en un hilo de oro".

Luego tomó un ovillo de hilo, lo hizo rodar por el camino y le dijo a la doncella que lo siguiera. Dondequiera que rodara el ovillo, ella debería seguir ese camino. La doncella dio las gracias a la anciana y se puso a seguir el ovillo.

Durante mucho o poco tiempo, el segundo par de zapatos de hierro se desgastó, el segundo bastón se rompió y un pan de piedra más fue roído. Finalmente, el ovillo llegó hasta una casita. Llamó a la puerta. "¡Buenos anfitriones! Guardad a una bella doncella de la noche oscura".

"¡Bienvenido!", respondió una anciana. "¿A dónde vas, bella doncella?"

"Estoy buscando a Finist el halcón brillante, abuelita".

"¡Tendrás que buscar un largo camino!"

Por la mañana, la anciana le dio un platillo de plata y un huevo de oro y la envió junto a su hermana mayor. Ella sabría dónde encontrar a Finist, el halcón brillante.

La bella doncella se despidió de la anciana y se puso en camino. Caminó y caminó. El tercer par de zapatos de hierro estaba gastado, el tercer bastón roto y el último pan de piedra roído cuando el ovillo llegó a una casita. Llamó a la puerta. "¡Buenos dueños! Protejan a la bella doncella de la noche oscura".

De nuevo salió una anciana. "¡Entra, querida! Bienvenida. ¿De dónde vienes y a dónde vas?"

"Estoy buscando a Finist el halcón brillante, abuelita".

"¡Oh, es muy, muy difícil encontrarlo! Ahora vive en tal o cual ciudad, está casado con la hija del barquillero de allí".

Por la mañana, la anciana le dijo a la bella doncella: "Aquí tienes un regalo: un bastidor de oro para bordar y una aguja. Sólo tienes que sujetar el bastidor y la aguja bordará sola. Pues bien, ve con Dios. Pide al barquillero que te contrate como sirvienta".

No bien se dijo, sino que se hizo. La hermosa doncella llegó al patio del panadero y se contrató como trabajadora. Sus manos hicieron el trabajo rápidamente: avivó la estufa, trajo el agua y preparó la cena.

. . .

La panadera de los barquillos observó y se alegró. "¡Gracias a Dios!", dijo a su hija. "Tenemos una trabajadora tan servicial como buena. Lo hace todo sin recompensa".

Pero cuando la hermosa doncella terminó sus tareas domésticas en la casa, tomó la rueca de plata y el huso de oro y se sentó a hilar. Hiló, y del vellón salió un hilo, no un hilo liso, sino de oro puro.

La hija del panadero vio esto. "¡Ah, hermosa doncella! ¿No me venderás tu juguete?"

"¡Quizás lo haga!"

"¿Y cuál es el precio?"

"Déjame pasar la noche con tu marido".

La hija del panadero estuvo de acuerdo. "No es ningún problema", pensó. "Puedo emborrachar a mi marido con una poción para dormir, ¡pero ese huso nos cubrirá de oro a mí y a mi madre!".

. . .

Pero Finist, el brillante halcón, no estaba en casa. Todo el día vagó por los cielos, y sólo regresó hacia el atardecer. Se sentaron a cenar; la bella doncella servía la comida en la mesa y no dejaba de mirarlo, pero él, el apuesto joven, no la reconocía.

La hija del panadero mezcló una poción para dormir en la bebida de Finist, el halcón brillante, lo acostó y dijo a la criada: "¡Entra en su habitación y ahuyenta las moscas!".

Así que la bella doncella ahuyentó a las moscas, pero ella misma gritó con lágrimas en los ojos: "¡Despierta, despierta, Finist, brillante halcón! Soy yo, la bella doncella, he venido a ti. Rompí tres báculos de hierro, desgasté tres pares de zapatos de hierro, roí tres panes de piedra y seguí buscándote, querida". Pero Finist dormía y no oía nada. Así pasó la noche.

Al día siguiente, la sirvienta tomó su plato de plata y sacó un huevo de oro de él. ¡Hizo rodar muchos huevos de oro!

La hija del panadero vio esto. "Véndeme tu juguete", le dijo.

"Muy bien, cómpralo".

. . .

"¿Y cuál es el precio?"

"Déjame pasar una noche más con tu marido".

"¡Muy bien, estoy de acuerdo!"

Pero Finist, el brillante halcón, volvió a pasarse todo el día surcando los cielos y sólo voló a casa hacia la noche. Se sentaron a cenar, la bella doncella sirvió la comida y no dejaba de mirarlo, pero era como si nunca la hubiera conocido.

De nuevo la hija del barquillero lo durmió con una poción, lo metió en la cama y mandó al criado a espantar las moscas. También esta vez, por más que lloró, por más que la bella doncella trató de despertarlo, él durmió hasta la mañana y no se enteró de nada.

Al tercer día, la hermosa doncella estaba sentada, sosteniendo el bastidor de bordado de oro en sus manos, mientras la aguja bordaba por sí misma, y ¡qué patrones tan maravillosos!

La hija del barquillero no podía dejar de mirar. "¡Véndeme, hermosa doncella, véndeme tu juguete!", dijo.

"¡Muy bien, cómpralo!"

"¿Y cuál es el precio?"

"Déjame pasar una tercera noche con tu marido".

"¡Muy bien, estoy de acuerdo!"

Al anochecer, Finist, el brillante halcón, regresó volando. Su mujer le dio una poción para dormir, lo acostó y mandó al criado a espantar las moscas.

Así que la bella doncella ahuyentó a las moscas, pero todo el tiempo lloraba con lágrimas en los ojos. "¡Despierta, despierta, Finist, brillante halcón! Yo, la bella doncella, he venido a ti. He roto tres báculos de hierro, he gastado tres pares de zapatos de hierro, he roído tres panes de piedra, mientras te buscaba a ti, querida".

Pero Finist, el halcón brillante, dormía profundamente, no oía nada.

Durante mucho tiempo lloró, durante mucho tiempo trató de despertarlo.

De repente, la lágrima de la bella doncella cayó sobre su mejilla, y en ese mismo momento se despertó.

"Ah", dijo, "¡algo me quemó!"

"¡Finist, brillante halcón!", le respondió la doncella. "He venido a ti. He roto tres bastones de hierro, he desgastado tres pares de zapatos de hierro, he roído tres panes de piedra... ¡Te he estado buscando! Y durante tres noches he estado aquí junto a ti, mientras tú sigues durmiendo: ¡no despiertas, no respondes a mis lágrimas!"

Sólo entonces Finist la reconoció, y se alegró tanto que las palabras no pueden decirlo. Se pusieron de acuerdo sobre lo que debían hacer, y salieron de la casa del barquillero.

Por la mañana, cuando la hija del barquillero fue a buscar a su marido, ni éste ni la criada estaban allí. Se quejó a su madre. La panadera de los barquillos pidió caballos y salió corriendo a perseguirlos. Condujo y condujo, y pasó por delante de las casas de las tres ancianas, pero no atrapó a Finist el halcón brillante: ¡incluso sus huellas se habían borrado hace tiempo! Finist el halcón brillante se encontró con su intención al lado de la casa de sus padres.

. . .

Golpeó la tierra húmeda y se convirtió en una pluma; la bella doncella lo cogió, lo escondió dentro de su blusa y fue a ver a su padre. "¡Ah, mi querida hija! Creía que ya no estabas entre los vivos. ¿Dónde has estado tanto tiempo?"

"Fui a rezar a Dios".

Esto sucedió en torno a la Semana Santa. El padre y las hijas mayores se preparaban para ir a la misa matutina. "¿Qué pasa, mi querida hija?", le preguntó a la menor. "Prepárate y vamos. Hoy es un día muy alegre".

"¡Padre! No tengo nada que ponerme".

"Ponte nuestra ropa fina", dijeron las hermanas mayores.

"¡Ah, mis hermanas! Sus vestidos no están hechos a mi medida. Mejor me quedo en casa".

El padre y dos de sus hijas se fueron a la misa de la mañana.

Entonces la bella doncella sacó su pluma. Ésta golpeó el suelo y se convirtió en un apuesto príncipe.

. . .

El príncipe silbó por la ventana y, de repente, aparecieron ropas finas, galas y un carruaje de oro. Se vistieron, subieron al carruaje y partieron. Entraron en la iglesia y se pararon delante de todos. La gente se maravilló: ¡tal príncipe con su princesa se ha dignado a visitarlos! Al final de la misa, salieron antes que los demás y se fueron a casa. El carruaje desapareció, los vestidos y las galas se esfumaron como si nunca hubieran existido, y el príncipe se convirtió en una pluma.

El padre volvió a casa con sus hijas. "¡Ah, querida hermana!

No viniste con nosotros, pero en la iglesia había un apuesto príncipe con una princesa inimaginablemente bella".

"¡Está bien, hermanas! Me lo habéis contado, así que es como si hubiera estado allí yo misma".

Al día siguiente ocurrió lo mismo. Al tercer día, mientras el príncipe y la princesa subían al carruaje, el padre salió de la iglesia, y con sus propios ojos vio cómo el carruaje se acercaba a su casa y desaparecía. El padre llegó a casa y comenzó a interrogar a su hija menor. Ella dijo: "¡No hay nada que hacer, tengo que confesar!".

. . .

Sacó la pluma. La pluma golpeó contra el suelo y se convirtió en el príncipe. Se casaron inmediatamente, ¡y fue una boda rica! Yo estuve en esa boda. Bebí vino, corrió por mi bigote, pero no llegó a mi boca. Me pusieron un gorro en la cabeza y se pusieron a dar codazos. Me pusieron un cesto y me dijeron: "¡Ahora, chiquillo, no te demores, al patio contigo enseguida!".

13

El pájaro de fuego

En cierto reino, pero no en nuestro país, vivía un zar. Este zar tenía tres hijos, el príncipe Piotr, el príncipe Dimitri y el príncipe Iván. También tenían un huerto. En ese huerto crecía un manzano con manzanas doradas. Sólo el zar empezó a notar que cada noche desaparecía una manzana.

Pasó cierto tiempo y ya faltaban muchas manzanas.

Entonces convocó a sus hijos y les dijo: "¡Mis queridos hijos!

Si me amáis, haced guardia y atrapad a este ladrón. Si uno de vosotros atrapa a este ladrón, le daré la mitad del reino".

La primera noche el hermano mayor salió. Se sentó hasta las doce, pero después de las doce se quedó dormido.

Cuando se despertó por la mañana, miró y vio que faltaba una manzana más. Fue a ver a su padre y le contó todo con detalle. La segunda noche salió el hermano mediano. A él le ocurrió lo mismo.

La tercera noche, el hermano menor empezó a pedir salir, pero su padre no accedió a dejarle ir. Le dijo: "Eres muy pequeño" y "Algo podría asustarte". Pero el príncipe rogó persuasivamente que le dejaran salir. Por fin su padre accedió y le dejó salir, así que salió al jardín y se sentó bajo el manzano.

Llevaba poco tiempo sentado cuando todo el jardín se iluminó. El príncipe Iván vio volar al pájaro de fuego. Se escondió bajo el árbol, y el pájaro subió volando y se posó en una rama. Justo cuando iba a picotear una manzana, el hermano menor se acercó sigilosamente y la agarró por la cola. Ella se soltó y salió volando, pero le quedó una pluma en la mano. Envolvió la pluma en un pañuelo y se quedó allí hasta la mañana.

Por la mañana fue a ver a su padre. Su padre le preguntó: "Entonces, mi querido hijo, ¿has visto al ladrón?"

"Lo he visto", dijo el príncipe Iván, y entonces desenvolvió el pañuelo. La pluma iluminó toda la habitación. "¡Ah, mi querido hijo!", dijo el zar.

"¿Qué clase de pájaro era?"

Después, el padre llamó a los otros dos hijos. "Bueno, mis buenos hijos", dijo. "Hemos visto al ladrón pero no lo hemos atrapado. Pero ahora os ruego: salid de viaje y encontradme ese Pájaro de Fuego. Si uno de vosotros lo encuentra, le daré todo el reino".

Los dos mayores se prepararon para salir, pero el padre no dejó ir al más pequeño. Se puso a suplicar. Su padre no aceptó durante mucho tiempo, pero finalmente accedió, los bendijo a todos y se pusieron en camino.

Cabalgaron durante mucho o poco tiempo, y llegaron hasta un pilar. De este pilar salían tres caminos, y en el pilar estaba escrito: "Si cabalgas hacia la derecha, te matarán; si cabalgas hacia la izquierda, tú mismo pasarás hambre; si tomas el camino del medio, tu caballo pasará hambre".

Pensaron en quién debía ir por cada camino. El hermano menor se fue por la derecha, y los otros dos tomaron los otros caminos.

Al final, el hermano menor iba cabalgando un rato y vio una casita con patas de pollo que estaba junto al camino y que giraba sola. El príncipe Iván dijo: "¡Casita, casita!

Vuelve la cara hacia mí y la espalda al bosque". La casita volvió la cara hacia él. Entró en la casa. Sobre la estufa yacía Baba Yaga, con una pierna huesuda, tenía la nariz clavada en el techo, y gritaba desde allí: "¿Qué hay aquí que huela a espíritu ruso?".

Y le gritó: "¡Toma! Te haré caer de tu asiento en la estufa, vieja diablesa".

Bajó de un salto de la estufa y comenzó a rogarle: "Joven, no me pegue. Te seré útil".

Le dijo: "En lugar de gritarme, harías mejor en alimentarme, darme de beber y acostarme".

Empezó a preguntarle: "¿Quién eres?".

Dijo: "Soy el príncipe Iván".

Luego le dio de comer, le dio de beber y le preparó una cama.

Por la mañana, el príncipe Iván se levantó, se lavó, se vistió, rezó a Dios y le preguntó:

"¿Sabes por casualidad dónde está el pájaro de fuego?".

Ella le contestó: "No lo sé, pero sigue adelante. Mi hermana mediana estará allí, ella te lo dirá. Y toma, coge este ovillo de hilo. Cuando te lleves el pájaro de fuego, te perseguirán, así que di: "¡Bola pequeña, bola pequeña, conviértete en una montaña!". Se convertirá en una montaña y seguirás cabalgando". Entonces le dio las gracias y siguió cabalgando hasta la casa de su hermana.

Cabalgó un rato, y en el camino había una casita con patas de pollo, que giraba sola. El príncipe Iván dijo: "¡Casita, casita! Vuelve tu cara hacia mí, y tu espalda hacia el bosque". La casita volvió la cara hacia él.

Entró en la casa. Sobre la estufa yacía una Baba Yaga, la hermana mediana, de pierna huesuda, con la nariz pegada al techo, y gritaba desde allí: "¿Qué hay aquí que huele a espíritu ruso?".

"Toma", le dijo, "te bajaré de la estufa, vieja diablesa". Ella saltó de la estufa, dio de comer al príncipe Iván, le dio de beber y lo acostó. Por la mañana se levantó y preguntó a Baba Yaga: "¿Dónde está el Pájaro de Fuego?".

. . .

Ella le dijo: "¡Conduce más lejos a mi hermana mayor!" Aquí le dio un peine. "Cuando cabalgues con el Pájaro de Fuego", le dijo, "te perseguirán y dirás: "¡Peineta, peineta! ¡Te conviertes en un bosque impasible!' Se convertirá en un bosque y te irás cabalgando". Así que le dio las gracias y siguió cabalgando para ver a la hermana mayor.

Cabalgó un rato, y entonces vio otra casita con patas de pollo. "¡Casita, casita! ¡Gira hacia mí con tu frente, pero hacia el bosque con tu espalda!"

Entró en la casa. Sobre la estufa yacía una Baba Yaga, de piernas huesudas, con la nariz asomada al techo, y gritaba desde allí: "¿Qué hay aquí que huela a espíritu ruso?".

"Toma", le dijo, "vieja diablesa, te bajaré de la estufa". Ella saltó de la estufa, dio de comer al príncipe Iván, le dio de beber y lo acostó. Por la mañana, el príncipe Iván se levantó, rezó a Dios y empezó a preguntarle por el Pájaro de Fuego.

Le dio un cepillo y le dijo: "Cuando te persigan, di: 'Cepillito, cepillito, te conviertes en un río de fuego'. Y se convertirá en un río ardiente, y cabalgarás más lejos. Y cuando te acerques a tal reino, habrá una valla, y en esa valla habrá una puerta. Detrás de esa puerta hay tres jaulas colgadas.

. . .

Hay un cuervo en la jaula de oro, un grajo en la de plata y el pájaro de fuego en la de cobre. Pero ten en cuenta esto: no cojas la jaula de plata, ni tampoco la de oro ni la de cobre, sino que abre la puertecita, saca el Pájaro de Fuego y átalo dentro de un pañuelo."

El príncipe Iván le dio las gracias y se puso en camino.

Se acercó al reino y vio un muro de piedra. No había forma de escalarlo ni de pasar por las puertas: había leones parados allí. Echó un vistazo y dijo: "¡Ah, mi caballo, mi verdadero caballo! Salta el muro y déjame coger el Pájaro de Fuego". Retrocedió un poco, rompió a galopar y saltó el muro. Entonces vio que el Pájaro de Fuego era muy grande, no había manera de atarlo en un pañuelo. Pensó un poco y luego cogió toda la jaula de cobre. De repente empezaron a tintinear campanillas y los leones empezaron a rugir. Entonces temió que lo atraparan; rompió a galopar, saltó el muro y siguió galopando con el Pájaro de Fuego.

Sólo había cabalgado un poco cuando vio que le perseguían. Sacó el ovillo de hilo. "¡Bola pequeña, bola pequeña, conviértete en una montaña!" El ovillo se convirtió en una montaña y siguió adelante. El ejército galopó hasta el pie de la montaña y vio que la montaña era infranqueable, así que (el ejército) dio media vuelta, cogió palas, se acercó a la montaña y la desenterró. Volvieron a perseguir al príncipe Iván.

En cuanto el príncipe Iván vio que le perseguían, cogió el peine y dijo: "¡Tú, peinecito, conviértete en un bosque impasible!". Y se convirtió en uno. El ejército entró al galope en el bosque y vio que era un bosque impasible. Se volvieron, cogieron hachas y cortaron un camino para ellos. Volvieron a galopar tras él.

El príncipe Iván vio que le perseguían, así que cogió el cepillo y dijo: "¡Pequeño cepillo, te conviertes en un río de fuego!". El ejército subió al galope y vio que era un río ardiente. Pero nada más pasar el río, el príncipe Iván se tumbó a descansar. El ejército descubrió que, independientemente de quién intentara cruzar, se escaldaría enseguida.

No había nada que pudieran hacer, así que el ejército regresó. El príncipe Iván descansó y se puso en camino.

Llevaba poco tiempo cabalgando cuando llegó a ese mismo pilar. Había una tienda montada junto al pilar, y en esa tienda estaban sentados dos jóvenes de buen porte. Se acercó a ellos y vio que eran sus hermanos. Se alegró mucho de esta oportunidad, los saludó y les contó todo con detalle.

Luego se acostó a descansar con ellos. Pero los hermanos tenían envidia de que él, el más joven, llevara el Pájaro de Fuego a casa de su padre.

. . .

"Entonces nosotros, los mayores, volveremos a casa y sin traer nada".

Acordaron arrojarlo a una zanja. Lo arrojaron dormido a la zanja: había toda clase de alimañas en esa zanja, bestias, y ni siquiera se podía ver la luz del sol desde allí abajo. Pero como no tenía nada que comer ni beber, se alimentó de tierra, y se le ocurrió cavar y trepar hacia arriba. En cuanto empezó a subir, cavó con sus manos y subió cada vez más alto. Finalmente subió más y más alto y vio desde allí un rayo de sol. Luego subió más y llegó a la cima. Descansó un rato junto a la zanja y luego siguió adelante. En cuanto se acercó a una ciudad, vio una multitud de personas de pie en la ciudad. Se acercó a la gente y les preguntó: "¿Qué significa esto, que estáis de pie junto al lago?".

Le respondieron: "Estamos esperando que salga de allí un dragón de seis cabezas. Se supone que debemos lanzarle una doncella, pero se ha comido a todas nuestras doncellas una tras otra, así que ahora tenemos que lanzar a la hija del zar".

Pero él les dijo: "¡Ah, eso me da mucha pena! Pero mostradme, ¿dónde están el zar y su hija?". Cuando el zar y su hija salieron, se acercó a ellos. "¡Puedo salvar a su hija!", les dijo.

. . .

El zar dijo: "¡Eso es imposible ahora, por culpa de ese dragón!"

Pero el príncipe Iván volvió a decir: "¡Te salvaré a tu hija, sólo ordena que aten tres manojos de varas de madreselva!".

Cuando terminaron de atarlos, los trajeron. De repente, el dragón vino nadando, silbó y rugió con todo tipo de voces.

En el momento en que abrió la boca, el príncipe Iván le cortó dos cabezas con un manojo, otras dos con el segundo manojo y otras dos con el tercero. Cortó las seis cabezas.

Entonces el zar comenzó a alegrarse de inmediato, se apresuró a besarlo y le pidió que visitara su palacio. Todos los habitantes se alegraron mucho de que hubiera conquistado al dragón, y enseguida celebraron una fiesta. Y aquella princesa, su hija, era una belleza tan delirante que hay pocas como ella en el mundo. El zar sugirió que el príncipe Iván se casara con ella. Celebraron la boda. Después de casarlos, el zar empezó a preguntar al príncipe Iván: "¿De qué reino eres?".

Respondió: "De tal o cual reino, hijo de tal o cual zar".

. . .

El zar comenzó a sugerir: "¿No sería bueno ir a ver a tu padre? Y si quieres ir a ver a tu padre, te daré dos cuervos. Sentaos en esos cuervos y, una vez que estéis sobre ellos, decid: "A tal o cual reino", y os llevarán directamente allí". Así que el zar les dio los cuervos.

Se subieron a ellos y salieron volando.

Pero los dos hermanos mayores cogieron el Pájaro de fuego y se lo llevaron directamente a su padre. Su padre se alegró de ver al Pájaro de Fuego. Al día siguiente, el Pájaro de Fuego se convirtió en un cuervo. Estaban muy sorprendidos, y su padre también. "¿Qué puede significar algo así?"

Sin embargo, su padre colgó el cuervo en su habitación.

Estaba colgado allí con el mismo aspecto que un cuervo.

Cuando el Príncipe Iván empezó a volar hacia el palacio de su padre, de repente se convirtió de cuervo a Pájaro de Fuego. El padre se sorprendió mucho al ver que el cuervo había vuelto a convertirse en el pájaro de fuego. Entonces vio dos cuervos volando, y un hombre y una mujer joven montados en los cuervos. El padre se asustó mucho.

. . .

Pensó: "¿Habrán venido a por el Pájaro de Fuego, y se habrá convertido de cuervo en Pájaro de Fuego porque venía su propia gente?".

Pero, de repente, el príncipe Iván entró con su esposa, se arrojó al cuello de su padre y le pidió perdón por haberse casado sin su permiso. El padre no lo reconoció en absoluto. "¡Ah, eres mi hijo! ¿Por qué has estado fuera tanto tiempo? Tus hermanos volvieron, tienen el Pájaro de Fuego".

"No", dijo. "No fueron mis hermanos. Fui yo quien se llevó el Pájaro de fuego. Salí con ellos, me tiraron a una zanja profunda mientras dormía y me quitaron el Pájaro de fuego". Y entonces le contó a su padre todo con detalle.

Entonces el padre hizo que sus dos hijos mayores pastorearan el ganado, y le dio todo su reino al más joven. Luego hicieron una gran fiesta. Yo estaba allí, bebí vino y cerveza, me corrió por el bigote, pero no entró en mi boca.

Conclusión

Hemos visto una diversidad de relatos que recuperan aquellos del folklor, especialmente del Este de Europa. Sin embargo, la figura de la bruja puede resultar muy atrayente para cualquier lector, sea de la edad que sea, por su misticismo y poder. Las Baba Yaga, así, pueden cobrar infinidad de nombres, características y escenarios. Es, en fin, un personaje que trasciende los tiempos y las culturas, resguardando en su ser algunas de las inquietudes más profundas de la humanidad.

www.ingramcontent.com/pod-product-compliance
Lightning Source LLC
Chambersburg PA
CBHW071847070526
44583CB00016B/1584